RUY CASTRO

a arte de querer bem

RUY CASTRO

a arte de querer bem

crônicas

ESTAÇÃO BRASIL

Edição
Pascoal Soto

Revisão
Ana Grillo e Tereza da Rocha

Projeto gráfico e capa
Victor Burton

Impressão e acabamento
Lis Gráfica e Editora Ltda.

CIP-BRASIL. CATALOGAÇÃO NA PUBLICAÇÃO
SINDICATO NACIONAL DOS EDITORES DE LIVROS, RJ

C353a Castro, Ruy

A arte de querer bem / Ruy Castro; Rio de Janeiro: Estação Brasil, 2018.
256p.; 12 x 18cm.

ISBN 978-85-5608-037-0

1. Crônicas brasileiras. I. Título.

18-49396 CDD: 869.8
CDU: 82-94(81)

GMT Editores Ltda.
Rua Voluntários da Pátria, 45 – Gr. 1.404 – Botafogo
22270-000 – Rio de Janeiro – RJ
Tel.: (21) 2538-4100 – Fax: (21) 2286-9244
E-mail: atendimento@sextante.com.br
www.sextante.com.br

Para
Isabel, João Ruy, Olivia,
Teresa e Aurora

Sumário

ofício de escrever
49

a companhia dos amigos
81

a cidade amada

173

o coração em campo

195

coisas sem as quais

unívocos e equívocos

Ruy e a palavra – Ruy é a palavra

• PASCOAL SOTO •

A mãe lia em voz alta as crônicas que um certo Nelson Rodrigues escrevia na *Última Hora*. Em seu colo, o menino de seus 4 ou 5 anos de idade ouvia tudo em silêncio enquanto mirava as palavras impressas no jornal. Amor.

O menino não tardou em perceber que as palavras impressas tinham o condão de guardar histórias, emoções, personagens. Aprendeu a ler sozinho movido pela curiosidade e... pelo amor. Ainda em menino, começou a escrever suas próprias histórias. Talvez já soubesse que aquilo seria o seu destino, a sua sina. Amor.

O menino se tornou homem e tudo o que construiu na vida está relacionado à palavra escrita. Dessa relação íntima e apaixonada surgiram algumas das mais preciosas obras da literatura brasileira, entre elas uma que se chama *O anjo pornográfico*, biografia de... Nelson Rodrigues. Amor.

Heloisa Seixas, companheira e musa, diz que a *persona* particular de Ruy é bem diferente da que todos conhecem. "Ruy é um poço de ternura", diz, emocionada. Amor.

Neste *A arte de querer bem*, reunimos algumas das crônicas em que Ruy Castro exercita o seu amor pela vida, pelos amigos, pela sua cidade, pelos seus ídolos, pelo seu ofício.

Pela palavra.

exercícios de amor

Por um palmo

Foi há sessenta anos, numa pequena cidade mineira. Getúlio se matara naquela manhã de 24 de agosto. Dera no *Repórter Esso*, com a voz de Heron Domingues dividindo a história do Brasil em antes e depois. Ao observar os adultos à sua volta, o menino de 6 anos dividiu-a de outra maneira. Havia os que choravam pela morte do líder e os que, como seu pai, pareciam cabreiros –, detestavam o líder, mas não esperavam por tal desfecho.

Algumas horas depois, levado pela mão, o garoto estava ao lado de seu pai numa esquina em que se discutia a morte de Getúlio. Era uma roda de homens de terno, alguns de chapéu e todos, embora da oposição, consternados – nenhum deles ostentava triunfalismo ou deboche. E, de repente, cai de uma sacada sobre eles uma máquina de escrever – a um palmo do menino.

Era uma máquina preta, alta, de mesa, talvez uma Royal. Veio de uma altura de pelo menos 5 metros e espatifou-se na calçada, teclas de aço voando para todo lado. No sobrado morava um ardente getulista, certamente desesperado. Não sei se meu pai subiu na hora para tomar satisfações ou se alguém fez isso por ele. Investigação posterior revelou que o homem estava embriagado.

Dali a meses, com a família no Rio, meu pai soube que o Palácio do Catete abrira ao público o quarto onde Getúlio se matara. Foi até lá para ver e me levou com ele. Ainda me lembro dos móveis, da cama e, incrivelmente, sobre esta, o famoso pijama listrado, com o buraco da bala. Acho que meu pai queria se certificar de que Getúlio morrera mesmo. Na saída, assinamos o livro de visitas. Se ainda existir, terá o meu nome nele, em dezembro de 1954.

Nada de mais em tudo isso. Exceto que, por um palmo, eu poderia ter sido morto pelo objeto – a máquina de escrever – que, um dia, se tornaria minha extensão em cabeça, tronco e membros, a ponto de nem eu enxergar os limites.

O ninho vazio

Uma amiga está triste porque sua filha se mudou para Nova York. Foi estudar na Universidade Columbia e não deve voltar tão cedo para o Rio. O filho mais velho, também há pouco, foi trabalhar em outra cidade. Os dois moravam com ela. De repente, minha amiga ficou sozinha em casa. Está passando pela "síndrome do ninho vazio", uma figura da psicologia para definir a depressão que se apossa de alguns pais – ou, quase sempre, mães – quando seus filhos vão à vida.

Estava pensando nisso quando, pouco antes do Natal, percebi certos movimentos alados no terraço. Uma rolinha ia e vinha, com matinhos no bico, e pousava num galho mais alto do caramanchão. Mesmo à distância, constatei que estava construindo um ninho. No Natal, o ninho ficou pronto. Ela sossegou e sentou-se nele pelos dias seguintes. Batizei-a de Lola, a Rola e saboreei a expectativa de, em breve, ser avô.

Não entendo de passarinhos, mas calculei que, por sua circunspecção no ninho, Lola devia estar sentada sobre três ou quatro ovos – e, se assim fosse, merecia respeito pelo que lhe devia ter custado botá-los para fora. Mas Silvania, minha funcionária, aproveitou-se da temporária ausência de Lola – numa das poucas vezes que ela saiu, certamente para ir às compras –, subiu a um banquinho, espiou o conteúdo do ninho e me informou de que eu era avô de um único ovo.

Bem, não sejamos soberbos, um já estava bom. Dias depois, constatamos que, em certos momentos, o rabo e a cabecinha para fora do ninho eram menores. O bebê nascera. Dei-lhe o nome de Lolita, a Rolita e esperei que ela e sua mãe nos brindassem com algumas piruetas, mesmo desajeitadas, como parte do aprendizado aéreo de Lolita.

Que nada. Ontem, Lola, a Rola e Lolita, a Rolita foram embora bem cedo. E sem se despedir. Agora entendo a síndrome do ninho vazio.

O ninho não mais vazio

Há dias, escrevi sobre uma amiga cujos filhos tinham acabado de sair de casa e que estava experimentando o que os psicólogos chamam de "síndrome do ninho vazio". Aproveitei para contar que eu próprio, entre o Natal e o réveillon, vivera algo parecido, só que ao pé da letra. Uma rolinha – Lola, a Rola – fizera seu ninho no meu terraço e passara uma semana sentada sobre um ovo, do qual saiu Lolita, a Rolita. E, antes que eu tivesse o prazer de ver mãe e filha em ação, voando para lá e para cá, foram embora sem se despedir. Ali entendi a síndrome do ninho vazio.

Outro amigo, cujo conhecimento sobre os pássaros aprendi a admirar, me garantiu que Lola, a Rola não podia estar muito longe. "Ela gostou daqui", ele disse. "Vai voltar para fazer outro ninho." E, para que eu não me jactasse de minhas virtudes como anfitrião, explicou-me que isso é instintivo nos pássaros. Se se sentem seguros em algum lugar, elegem-no para se aninhar. Com isso, retomei meu posto de observação – e não é que meu amigo tinha razão?

Lola, a Rola reapareceu e logo começou os trabalhos. Reconheci-a pelo estilo de gravetos que recolhe – secos, fininhos e compridos. Em poucos dias o novo ninho ficou pronto, não muito distante do ninho original, este já em escombros. Só que, agora, com uma importante colaboração: a de seu marido Rollo, o Rola, talvez como mestre de obras. O fato é que, ao contrário da primeira vez, tive várias oportunidades de ver o casal empenhado na construção.

E assim, com duas semanas de intervalo, eis-me avô de mais um ovo. Que, pela lei das probabilidades, deverá produzir um macho. E, sendo filho de Lola, a Rola e Rollo, o Rola, só poderá se chamar – claro – Rolezinho.

Não vou dizer o nome de meu amigo amador de ornitologia. Só as iniciais: Janio de Freitas.

"Baby boomers"

5

De repente, o mundo descobriu que a geração *baby boom* está em idade de se aposentar. Os *baby boomers*, você sabe, foram as crianças nascidas logo a seguir à Segunda Guerra, quando milhões de soldados voltaram para seus países e começaram a casar e a procriar em massa. Os que tinham ficado em casa, de ouvido na BBC, fizeram o mesmo, talvez por uma sensação de alívio diante do apocalipse que não aconteceu, mas poderia ter acontecido – e, então, mais do que nunca, pela súbita existência da bomba atômica.

Curioso é que, em vez de partir para a esbórnia em face do possível fim do mundo, os jovens do pós-guerra adotaram a singela atitude de casar e "constituir família". Pode ser que, depois de anos em trincheiras, reais ou metafóricas, o lar lhes parecesse um casulo protetor. Daí tantos casamentos e, em meses, milhões de novos cidadãozinhos no mundo. Um deles, eu – porque, nascido em 1948, sou um legítimo *baby boomer*.

Bem, passaram-se décadas e nós, os *baby boomers*, já podemos ser avaliados. Em vários departamentos, não fizemos feio. Ativos desde os anos 1960, revolucionamos a tecnologia, avançamos espetacularmente a medicina e as comunicações, implantamos o sexo sem culpa, a consciência ecológica, os direitos das mulheres, das minorias e dos animais, etc.

Em compensação, tornamos as cidades impraticáveis, disseminamos as drogas, destruímos o cinema e a música popular, triplicamos a pobreza, intoxicamos o planeta com publicidade, carros e agrotóxicos, compramos e vendemos armas, políticos e tudo que pudesse ser negociado – enfim, vamos deixar também uma bela lambança.

E pensar que nossos pais, quando nos conceberam, só queriam um pouco de sossego, *Seleções*, Ovomaltine, discos de Carlos Galhardo, uma cama quente, um pijama e, para eles, sim, uma merecida aposentadoria.

Vozes ao ouvido

Céu e mar estão competindo pelo azul nesta primavera carioca – um azul de anilina, de tinta Parker, de Technicolor dos anos 1950. Todas as manhãs, o calçadão Ipanema-Leblon transborda de gente contente por apenas estar ali, exercendo o seu direito de viver. É gente de várias extrações, idades, cores, línguas e de todos os estilos de caminhar ou correr. A exceção é a minoria que, indiferente ao azul, caminha atracada ao celular, o cenho franzido, discutindo coisas inadiáveis.

Minoria na orla, mas maioria ao redor. No próprio calçadão, já vi um *homeless* em andrajos, sentado na escadaria do Leblon, falando ao celular. Sentei-me ao seu lado como quem não quer nada, tentando ouvir retalhos da conversa. O fulano falava numa língua que eu não entendia, talvez português. Tudo bem, o importante era o mendigo falando ao celular – o meio era a mensagem.

Há pouco, num shopping, um menino de 4 ou 5 anos levava ao ouvido um ursinho de pelúcia. Não sei se o ursinho tinha um celular embutido. Podia ser como o menino enxergava os adultos – todos com um objeto à orelha – e achasse que aquela era a maneira de usar o mundo.

Não seria uma visão absurda. Descendo no Santos Dumont na semana passada, eu era o único passageiro na *boarding bridge* ("finger", em português) sem o telefone ao ouvido. Em vez disso, trazia na mão um objeto outrora tão popular quanto o celular: um livro. Por acaso, uma edição de bolso do clássico *Memórias de um sargento de milícias*.

Instintivamente, repeti o gesto de todo mundo e levei o livro à orelha. E, então, deu-se o milagre. Escutei a voz do menino Leonardo, de sua namorada Luisinha, do major Vidigal, da saloia Maria Regalada e dos outros heróis de Manuel Antonio de Almeida. Vozes vindas de um tempo remoto – o tempo do rei –, mas que chegavam a mim com incrível nitidez.

Um par de chinelos

Se seu organismo entrar em curto e precisar de socorro, evite que isso aconteça no domingo de Carnaval às seis da tarde. É quando os blocos estão nas ruas e o espírito do *laissez faire* mais empolga o povo – o que torna as avenidas quase intransitáveis e difíceis de alguém se *laissez aller*.

Vivi isso no último Carnaval. Eu e Heloisa estávamos em casa, assistindo num canal de clássicos a *Vampiros de almas*, o filme de Don Siegel, de 1956, em que vírus alienígenas põem terráqueos para dormir, confundem suas mentes e se apossam de seus corpos. Por artes do Diabo, ao fim do filme eu próprio comecei a trocar as sílabas, desmaiei e fui acometido de convulsões.

Bem, como deslocar um sujeito de 100 quilos, desacordado, crispado e se debatendo – eu – para um hospital? Heloisa chamou o porteiro do prédio e o filho deste e um segundo porteiro. Mas eles não eram suficientes. Tiveram de convocar um rapaz que passava na rua, de camisa e chapéu de um bloco e chinelos. Com sua ajuda, puseram-me num carro e dali fui levado para o Miguel Couto e, depois, já em ambulância, para o São Lucas.

Em meio a toda essa jornada, houve uma segunda convulsão, com fratura múltipla do úmero, e uma série de ressonâncias, tomografias e punções, com o que se diagnosticou, a princípio, encefalite viral – algo que se pega no ar e toma o cérebro, como, por coincidência, os vírus de *Vampiros de almas*.

Nunca poderei agradecer a todos que telefonaram, escreveram ou foram ao hospital (um deles chegou antes de mim ao São Lucas!). Tento fazê-lo agora pelo jornal. Mas e o folião que abandonou seu bloco para prestar socorro e sem o qual talvez eu não fosse removido a tempo? Ninguém sabe quem era. Apenas que, como uma Cinderela de calças, deixou para trás um par de chinelos – que, imagino, não voltará para pegar.

Deitar e rolar

Seis meses depois de uma fratura de úmero em quatro partes e de uma cirurgia de cinco horas – da qual saiu com um ombro enriquecido por uma prótese de cobalto e titânio –, o braço esquerdo reaprende a fazer movimentos de cuja complexidade nunca suspeitara. Já tem extensão, flexão, rotação externa e força muscular para, por exemplo, bater palmas no teatro, usar garfo e faca para cortar o bife, repuxar o queixo para fazer a barba e espremer o finzinho do tubo de pasta de dentes.

Importante: já consegue até corresponder ao abraço de uma amiga, enlaçando-a pela cintura enquanto a estreita com o outro braço. Mas coçar as costas, calçar as meias, dar nó nos cadarços do sapato, cortar as unhas dos pés ou devolver ao lugar as calças que ameaçam cair já é outra história – são práticas que exigem preparação psicológica e indômita vontade de vencer.

Certos gestos que, no começo, eram quase impossíveis têm gosto de vitória quando voltam a ser executados. Como abrir e dobrar o jornal, ensaboar a axila direita ou puxar e afixar o cinto do carona no carro. Claro que ainda levará tempo para que o dono do braço – eu – consiga realizar uma das grandes proezas do ser humano: levantar a mala sobre a cabeça e acomodá-la naquele compartimento do avião.

Enquanto isso, nada supera a felicidade de poder voltar a dormir apoiado sobre o ombro esquerdo. Equivale a recuperar 33,33% de posições na cama, até então limitadas a dormir de barriga para cima ou sobre o ombro direito. A felicidade só será completa, no entanto, quando o cidadão puder fazer isso com a antiga agilidade e destreza – quando, com todo o respeito, voltar a deitar e rolar.

Enfim, quando ele próprio recuperar tal liberdade de movimentos que o faça se esquecer de como, um dia, esses movimentos tão simples lhe pareceram inalcançáveis e maravilhosos.

Muitos réveillons

Foram muitos réveillons. Num deles, rapazes e moças moradores do Solar da Fossa, em Botafogo, marcharam em grupo pelo Túnel Novo, rumo à vizinha Copacabana. Como planejado, entraram no túnel, com seus risos e cantos, beijos e abraços, a poucos minutos da meia-noite. Quando esta chegou, os gritos e uivos reverberaram pelas paredes de azulejos, confundindo-se com as buzinas, e, ao sair no outro lado, já era o Ano-Novo – 1968. Como num túnel do tempo – como em Robert Heinlein ou Ray Bradbury.

No réveillon seguinte, o LP com a trilha sonora do filme *2001: Uma odisseia no espaço*, lançado meses antes, foi levado de festa em festa pelos apartamentos do mesmo Solar – uma fogueira de luzes e gente –, para que os acordes iniciais de *Also sprach Zarathustra*, de Richard Strauss, saudassem o novo ano. O que havia de triunfal naquela música parecia tisnado por uma sensação de mau agouro – bem de acordo com a passagem de 1968 para 1969, do sonho para o pesadelo.

Houve vários réveillons a dois, na baía de Angra, a bordo de um saveiro que jogava ao sabor da maré, em movimentos quase imorais; réveillons no morro da Urca, que pareciam durar até o Carnaval e se confundir com ele; e um réveillon em cidade incerta e na companhia de alguém que a memória tentou – e conseguiu – apagar. E houve um réveillon em Nova York, em que a abstinência recém-conquistada esteve a um gole de ser quebrada, e só não foi porque a mão da namorada afastou a garrafa de champanha que ele levava à boca.

Houve um réveillon no sul da Bahia, em cujas areias se enterraram os ossos de uma história que começara bonita e ficara feia. Talvez por isso o réveillon seguinte tenha sido passado sozinho, em praia neutra, para que os fantasmas deixados para trás não encontrassem o caminho de volta.

Deu certo porque, desde então, todos os réveillons têm sido bonitos e felizes.

Meu cravo do 25 de Abril

No dia 25 de abril de 1974, eu estava em Lisboa, no meio dos tanques e dos soldados que acabavam de derrubar o regime salazarista. As tropas tinham ocupado a cidade de madrugada e ainda havia importantes redutos inimigos a dominar, mas, desde as nove horas da manhã, o povo já saía às ruas para comemorar. De repente, no Rossio, alguém me espetou um cravo vermelho à lapela.

Olhei em volta e só vi vermelho. Os cravos surgiam aos milhares, do nada ou das mãos de senhoras de lenço preto na cabeça, e coloriam o cinza dos casacos. Os soldados não protestavam quando eles eram enfiados em suas baionetas. Era a Revolução dos Cravos. Mais do que os tiros, as flores libertavam Portugal de uma ditadura de 48 anos.

Morador de Lisboa desde janeiro de 1973, a trabalho numa revista, eu deveria ter me emocionado menos e sido mais objetivo naquele dia. Para tentar descobrir, por exemplo, como começara e de onde saíam aqueles cravos. Mas deixei passar e, só agora, 42 anos depois, alguém me sugeriu uma explicação.

Um restaurante do Chiado fazia aniversário. Na véspera, uma funcionária, Celeste, fora instruída a levar flores para serem presenteadas aos clientes. Mas ao chegar ao trabalho pela manhã com uma braçada de cravos vermelhos, o patrão lhe disse que, com aquela agitação, não iriam abrir. Que ela fosse embora para casa e levasse os cravos. Celeste obedeceu. Na rua do Carmo, um tanque passou por ela e um soldado lhe pediu um cigarro. Celeste não tinha, mas ofereceu-lhe uma flor. Os outros soldados e civis ali presentes também ganharam cravos. Num instante, os estoques dos floristas acabaram, os jardins públicos fizeram a sua parte e Lisboa foi tomada pelos cravos.

Durante anos, guardei o meu dentro de um livro. Mas o livro se perdeu em alguma mudança de cidade, país ou continente, e fiquei sem o meu cravo do 25 de Abril.

Deixadas no passado

Elas podem ser vistas, dignas e lindonas, na plateia de colegas mais jovens, e você imagina que estão ali na condição de fãs desprendidas das novas gerações. Mas não é sempre assim. Mais provável que estejam tentando atrair a atenção de um produtor ou de um agente que lhes dê trabalho – o primeiro, talvez, em seis meses ou um ano de silêncio profissional.

No Rio e em São Paulo, dezenas de grandes cantoras dos anos 1950 e 1960 vivem hoje os piores momentos de suas carreiras, esquecidas pela mídia e ignoradas pelos produtores. As mais felizes, que conservaram um apartamentinho próprio, estão livres do aluguel, mas o condomínio já tem um ou dois anos de atraso. Muitas se seguram com uma aposentadoria que mal lhes paga a comida e os remédios. O plano de saúde, vitimado pela inadimplência, há muito foi para o espaço. Algumas vivem de cestas básicas doadas por amigos.

Não se trata de senhoras que, pela idade, já estariam, se quisessem, no Retiro dos Artistas, mas de mulheres vaidosas, ainda com a voz inteira, em perfeitas condições de trabalhar. Acontece de uma delas conseguir, de surpresa, uma noite num clube ou teatro mais privilegiado e não ter dinheiro para ajeitar o cabelo ou recauchutar o velho vestido.

Seus agentes alegam que esse tipo de oportunidade – aparições relâmpago em casas noturnas – é cada vez mais raro. As grandes casas só querem saber de "projetos" ambiciosos, que interessem aos suspeitos de sempre, os patrocinadores. E estes, visando imprensa ou retorno, só reconhecem os nomes de hoje, e não se impressionam se Fulana ou Beltrana foi uma estrela do samba-canção ou da bossa nova.

Sim, elas são cantoras que, até outro dia, estavam construindo o futuro da música popular. O futuro chegou, e elas não têm vez nele.

A cruel ressurreição

Há três ou quatro meses, estive no *Sem censura*, programa de Leda Nagle na TV Brasil. Ao meu lado, na bancada, o cantor Wando. A certa altura – não sei se em off, ao meu ouvido, num intervalo, ou em on, para todo mundo –, queixou-se de estar esquecido pelas gravadoras, pelos promotores de shows e pela mídia. Sua presença ali era uma rara oportunidade para furar o silêncio.

Wando morreu há dez dias, e sua morte tem ocupado mais espaço nos jornais e nas TVs do que no auge de sua carreira. Seu sucesso de 1978, "Emoções", foi exumado e incluído na programação das FMs e adotado até pelos blocos de Carnaval do Rio, onde tem sido cantado por milhares desfraldando sua marca: as calcinhas que as fãs lhe atiravam.

Lembrei-me de que, certo dia, em 1980, Aluizio Falcão, diretor da Rádio Eldorado, de São Paulo, me disse que iria lançar um "novo" compositor e cantor: Raul Seixas. Estava brincando, claro. Na verdade, iria tentar o que, então, parecia impossível: relançar o homem que, depois do estouro inicial, nos anos 1970, tornara-se o artista mais rejeitado da praça – ninguém confiava ou queria saber dele. E, de fato, o "Rock das aranhas" trouxe o maldito Raul de volta às paradas, até que, rapidamente, o álcool e o éter o devolveram à zona fantasma.

Em 1988, Raul e eu fomos vizinhos de clínicas para dependentes químicos em Cotia, a 31 quilômetros de São Paulo. Saímos na mesma época, em fins de fevereiro, e, por algumas semanas, frequentamos reuniões de autoajuda com gente das duas clínicas. Éramos uns 20 sujeitos, dos quais 19 estavam eufóricos, saudáveis e confiantes em que iriam tirar o macaco das costas. O único deprimido era Raul. Muitos de nós nos salvamos. Mas Raul voltou às substâncias e, um ano depois, em 1989, estava morto. Dali nasceu, ao seu redor, uma religião, e ele nunca mais deixou de ser famoso e cultuado.

A morte parece um preço muito alto para um artista ressuscitar.

Prazeres da "melhor idade"

A voz em Congonhas anunciou: "Clientes com necessidades especiais, crianças de colo, melhor idade, gestantes e portadores do cartão tal terão preferência etc.". Num rápido exercício intelectual, concluí que, não tendo necessidades especiais, nem sendo criança de colo, gestante ou portador do dito cartão, só me restava a "melhor idade" – algo entre os 60 anos e a morte.

Para os que ainda não chegaram a ela, "melhor idade" é quando você pensa duas vezes antes de se abaixar para pegar o lápis que deixou cair e, se ninguém estiver olhando, chuta-o para debaixo da mesa. Ou, tendo atravessado a rua fora da faixa, arrepende-se no meio do caminho porque o sinal abriu e agora terá de correr para salvar a vida. Ou quando o singelo ato de dar o laço no pé esquerdo do sapato equivale, segundo o João Ubaldo Ribeiro, a uma modalidade olímpica.

Privilégios da "melhor idade" são o ressecamento da pele, a osteoporose, as placas de gordura no coração, a pressão lembrando placar de basquete americano, a falência dos neurônios, as baixas de visão e audição, a falta de ar, a queda de cabelo, a tendência à obesidade e as disfunções sexuais. Ou seja, nós, da "melhor idade", estamos com tudo e não estamos prosas.

Outra característica da "melhor idade" é a disponibilidade de seus membros para tomar as montanhas de Rivotril, Lexotan e Frontal que seus médicos lhes receitam e depois não conseguem retirar.

Outro dia, bem cedo, um jovem casal cruzou comigo no Leblon. Talvez vendo em mim um pterodáctilo da clássica boemia carioca, o rapaz perguntou: "Voltando da farra, Ruy?". Respondi, eufórico: "Que nada! Estou voltando da farmácia!". E esta, de fato, é uma grande vantagem da "melhor idade": você extrai prazer de qualquer lugar a que ainda consiga ir.

Proibido não ser perfeito

Há pouco, em belo artigo, o "Caderno 2" do *Estadão* anunciou "A morte da voz humana". Nenhum exagero no título. O Auto-Tune – o software que "corrige" a afinação dos cantores – está criando padrões de perfeição inatingíveis para humanos, oferecendo a recompensa sem esforço e tornando dispensáveis a vocação, o talento e o mérito na música popular. "É como se Ronaldinho Gaúcho usasse uma chuteira que acertasse o gol por si. Treinar pra quê?", pergunta o autor.

O grito foi dado por quem tem toda a autoridade para fazê-lo: João Marcello Bôscoli, músico, produtor e diretor de gravadora. Como se não bastasse, filho de Elis Regina e do compositor Ronaldo Bôscoli, um dos criadores da bossa nova, e enteado do pianista César Camargo Mariano, com quem Elis se casou ao se separar de Bôscoli. Nunca houve gente mais exigente em música.

Para João Marcello, pior até do que dar afinação a quem não tem, o Auto-Tune está fazendo com a voz o que o Photoshop fez com a pele humana. Assim como o Photoshop "gerou um padrão estético onde poros, rugas de expressão, pelos e outras características se tornaram defeitos", o Auto-Tune passa o rodo e "corrige" tudo o que considera imperfeito num cantor: afinação, respiração, pausas, volume, alcance – sem se importar se pertencem à sua expressão e emoção.

Ele vai mais longe: "Hoje em dia tomamos remédio quando sentimos tristeza, comemos lixo pré-mastigado quando temos fome, dopamos as crianças quando estão agitadas, passamos horas no computador quando nossa vida parece desinteressante", etc. – e "usamos softwares de afinação quando temos um cantor desafinado".

O filho da cantora mais afinada do Brasil defende os desafinados no que eles têm de mais precioso: sua falível condição humana, essencial à obra de arte.

A vida na terceira pessoa

Mais uma história comovente envolvendo a tragédia da Chapecoense aconteceu nos últimos dias. Foi quando o jogador Neto um dos poucos sobreviventes da queda do avião com o seu time e já saindo do estado desesperador em que se encontrava, começou a perguntar o resultado do jogo contra o Atlético Nacional e o que acontecera em campo para que ele ficasse tão machucado. Como contar-lhe que a partida nunca se realizara, que o avião caíra a poucos minutos do pouso e 71 pessoas a bordo haviam morrido, entre os quais 19 de seus companheiros de equipe?

Para Neto – e para todos naquele voo, exceto, talvez, os pilotos –, as luzes do avião tinham se apagado, só isso. Nenhum deles sentiu o choque contra o morro poucos segundos depois, porque foram abençoados com a instantânea e simultânea inconsciência. Para os poucos que abriram os olhos, dali a horas ou dias, a vida ganhara um hiato que eles nunca serão capazes de preencher.

Todos nós, alguma vez, já protagonizamos uma passagem, menos ou mais grave, de que não fomos testemunhas e não temos memória. Passei por isso há anos num episódio de saúde que durou cinco horas de inconsciência e de cujos detalhes só fiquei sabendo pela sua descrição por Heloisa Seixas em seu livro *O oitavo selo*. É estranhíssimo. Ao ler sobre o que fizemos e não nos lembramos, a ação se transfere sem aviso para um narrador de fora – como se, de repente, passássemos a viver na terceira pessoa.

Só agora, treze dias depois do acidente, Neto teve conhecimento do que lhe aconteceu. Foi chocante, mas ele se agarrou a uma reação previsível e salvadora nessas situações – a de ter sido poupado porque a vida ainda espera dele coisas importantes.

Talvez não. Talvez só espere dele que viva. O que, até para quem nunca beijou a morte, às vezes já é muito.

Dor garantida por lei

Uma PEC (proposta de emenda constitucional) aprovada há pouco pela Câmara dos Deputados e prestes a ser confirmada pelo Senado determina que, ao contrário do que dispôs o STF (Supremo Tribunal Federal), o Brasil considere legal que se obrigue um boi a correr numa arena entre dois cavalos montados por vaqueiros que tentam jogá-lo ao chão, puxando seu rabo. Em breve, traduzido para o legalês castiço e sob o nome fantasia de "vaquejada", isso estará na Constituição.

Na prática, significa que será constitucional encurralar – tornar indefeso – um boi e submetê-lo à chibata, de modo a infligir-lhe tal dor e pavor que, uma vez liberto, ele contrarie a sua natureza de animal lento e pacífico e saia descontrolado pela arena, tentando fugir dos que o maltratam e dando ensejo a ser perseguido e derrubado pelos dois homens a cavalo.

A Constituição garantirá que sua cauda, ao ser agarrada, puxada e torcida e sofrer brutal tração pelo vaqueiro, esteja sujeita ao rompimento dos ossos que a compõem ou, no mínimo, ao desenluvamento, que é a violenta retirada de pele e tecidos. O texto constitucional autorizará ainda que o boi sofra fraturas nas patas, ruptura de vasos sanguíneos e lesões nas vértebras, na medula espinal e nos órgãos internos. Pelo mesmo artigo, a Constituição propiciará aos cavalos o direito de também serem açoitados ao mesmo tempo que o boi (para acompanhá-lo na velocidade) e terem o ventre retalhado pelas esporas em forma de estrela.

A Constituição, já vergada ao peso de tantas emendas, acolherá tudo isso porque os congressistas não podem ficar mal com os eleitores das regiões em que a vaquejada é uma manifestação "cultural".

A legalização da crueldade e da covardia não ameniza o sofrimento das vítimas, mas permite a seus algozes um sono bem pago e sem culpa.

A gaivota Brasil

Em 1958, quando o Brasil ganhou a Copa do Mundo pela primeira vez, o país inteiro sentiu que o triunfo lhe pertencia. Nosso "complexo de vira-lata" – expressão criada na época por Nelson Rodrigues – era então de tal ordem que só um triunfo como aquele poderia nos redimir de nossas pulgas e sarnas crônicas.

De um minuto para o outro, segundo Nelson, cada brasileiro, do mais poderoso tubarão paulista ao mais humilde torcedor do Bonsucesso, sentiu-se campeão do mundo. A publicidade pegou o mote e tudo no Brasil, inclusive os liquidificadores e as enceradeiras, passou a ser chamado assim. Ficou famosa a história do bebum tentando matar uma mosca que voejava ao redor de seu chope no Jangadeiros, em Ipanema. Mas o jornalista Lucio Rangel o sustou, dizendo: "Não faça isso! Essa mosca também é campeã do mundo!".

De lá para cá, o Brasil já ganhou tantas Copas que a coisa caiu no ramerrão. E, várias vezes, fomos ainda os maiorais em automobilismo, boxe, tênis, vôlei e outros esportes em que o destino, eventualmente, nos agraciou com um ou mais gênios.

Falta-nos talvez um pouco de consistência para ganhar mais títulos, inclusive no terreno esportivo

– sem falar em modalidades mais sérias, como distribuição de renda, justiça social, segurança pública, planejamento familiar ou vergonha na cara. Nesta última, por sinal, a lanterninha é nossa, em escala mundial, e ninguém tasca.

Mas nem tudo está perdido. A prova é a vitória do estudante paulistano Leonard Ang no recente campeonato mundial de aviõezinhos de papel, em Salzburgo, Áustria. Leonard manteve sua gaivota no ar pela enormidade de 11,66 segundos. Nada simboliza tão bem o Brasil quanto essa gaivota que, contra toda a lógica e os ventos contrários, insiste em planar.

ofício de escrever

Autor da bula

Às vezes, quando me pedem um breve currículo profissional (sim, pedem), alinhavo alguns dados básicos e acrescento que nunca fiz outra coisa na vida senão escrever – que, de enciclopédias a biscoitinhos da sorte, já escrevi em todos os gêneros, estilos, formatos, veículos e tamanhos. E, para resumir, informo que, a rigor, só me falta escrever bulas de remédios.

É verdade. De 1967 para cá, fui repórter, redator, editor, diretor, colunista ou colaborador de vários jornais do Rio e de São Paulo e de uma infinidade de revistas semanais, mensais, trimestrais e de periodicidades exóticas, quase todas lindas, modernas, sofisticadas e extintas. Nesses veículos, cobri de bailes de Carnaval a revoluções, fiz entrevistas e perfis, e escrevi reportagens, críticas, crônicas, textos de humor, consultório sentimental e horóscopo – os dois últimos, com covardes pseudônimos.

Em outras épocas, escrevi disquinhos infantis, programas de rádio e TV, roteiros de stand-up, shows de cantores, encartes de CDs e DVDs e trabalhei até em publicidade – fui o pior redator que já passou por uma agência de propaganda. E, ah, sim, nos intervalos dos livros que me dediquei a publicar, os amigos me obrigam a cometer os prefácios, orelhas e quartas capas de seus próprios livros. Enfim, já escrevi de tudo, menos bulas de remédios. Mas isso agora é passado.

Há meses, meu querido dentista mostrou-me um texto que escrevera sobre uma novidade que pensava implantar no consultório: uma espécie de lente de contato dental, capaz de produzir belos sorrisos sem broca ou anestesia. Pediu-me que desse uma olhada nas vírgulas. Por vício profissional, fiz isso de Bic na mão, cortando palavras, trocando outras, acrescentando frases e até bolando um novo título. Devolvi-lhe o papel. Ele leu e disse: "Bom!".

Ao abrir uma revista outro dia, lá estava o anúncio – na verdade, uma bula das lentes – com o meu texto. Pronto. Mais uma virgindade perdida.

Aquele dia

Num dia 4 de maio, só que de 1967, publiquei minha primeira reportagem assinada na grande imprensa. E logo onde: no *Correio da Manhã*, então o jornal mais influente do país e o que mais irritava os militares. Era um texto sobre os 30 anos da morte de Noel Rosa, que se comemoravam naquele dia. Para fazê-lo, eu entrevistara a cantora favorita do sambista, Aracy de Almeida, seu antigo parceiro Ismael Silva e seu amigo e biógrafo Almirante.

Dois meses antes, eu fora levado por José Lino Grünewald, editor do "2º Caderno" e editorialista, a Newton Rodrigues, diretor do jornal. Newton disse que José Lino me tinha em alta conta, admitiu-me como repórter e não falou em salário. Tudo bem. Para trabalhar no *Correio da Manhã*, o jornal que meu avô lera desde a sua fundação, em 1901, eu seria capaz até de pagar – se, aos 19 anos, levasse no bolso mais do que o dinheiro da condução.

Mas o artigo sobre Noel era o primeiro no "2º Caderno", depois de várias saídas à rua como repórter da "geral", inclusive a cobertura das passeatas contra a ditadura, enfrentando gases e bombas. Era excitante, mas o que eu queria mesmo era a área cultural.

Naquela noite, haveria a abertura de uma exposição sobre Noel no Museu da Imagem e do Som. Fui até lá e vi, surpreso, minha reportagem de primeira página colada num tabique. Ouvi uma voz. Era Ricardo Cravo Albin, presidente do museu: "Você é que é o Ruy Castro? Não sabia que era tão jovem! Venha cá, quero te apresentar a algumas pessoas".

Levou-me à sala ao lado onde um grupo de senhores conversava. Eles eram Pixinguinha, Donga, João da Baiana, João de Barro (Braguinha), Paulo Tapajós, Jacob do Bandolim e o próprio Almirante. Em um minuto, apertei a mão da história. Foi há 50 anos. E, até hoje, nada superou aquele dia.

Entrevista que não houve

Em novembro de 1967, há inacreditáveis 50 anos, eu estava telefonando para Guimarães Rosa em nome da revista *Manchete*, onde trabalhava, pedindo uma entrevista. Naquela semana, Rosa finalmente tomaria posse de sua cadeira na Academia Brasileira de Letras, para a qual fora eleito por unanimidade em 1963. Ainda não a assumira porque, médico e cardíaco, temia não sobreviver à cerimônia. Mas agora era a hora.

Nunca entendi por que Justino Martins, diretor da *Manchete*, me confiou a tarefa. A revista estava cheia de repórteres experientes – dois deles os poetas Lêdo Ivo e Homero Homem, certamente amigos de Rosa. Eu tinha, se tanto, seis meses de profissão e acabara de chegar à *Manchete*. Mas foi assim. Justino convocou-me à sua mesa, deu-me o número do telefone de Guimarães Rosa e só me recomendou que chamasse o homem de embaixador – o que Rosa também era.

Naquele mesmo dia, telefonei. O próprio Rosa atendeu e, muito amável, se desculpou, alegando que estava escrevendo seu discurso de posse e não podia parar para dar entrevistas, mesmo que fosse para *Manchete*. Eu insisti: "Mas embaixador...". E ele, firme – neca. Mas, talvez tocado pela evidente juventude do repórter, sugeriu que eu telefonasse no dia seguinte – quem sabe já teria terminado o discurso. Fiz isso, mas não, ele não havia terminado. Como consolação, disse que, se eu fosse à cerimônia, me daria uma cópia do texto.

Rosa tomou posse na quinta-feira, 16. Ao fim do discurso e sob a chuva de aplausos, saiu pelo salão apertando mãos, como se levitasse a um metro do chão. Parecia encantado, não via ninguém – só a mim cumprimentou duas vezes, sem saber quem eu era. E o coração resistiu bem, não o traiu.

Deixou para traí-lo três dias depois, na noite de domingo, no seu apartamento, em Copacabana. E eu me esquecera de pedir-lhe o discurso.

Vidas secretas

"No Brasil, até o passado é incerto." A frase é antológica e não se sabe ao certo o autor, se Pedro Malan, ex-ministro da Fazenda, ou Gustavo Loyola, ex-presidente do Banco Central, ambos no governo FHC. Referia-se às surpresas daquela equipe econômica ao abrir as gavetas e encontrar dívidas sem registro fiscal contraídas pelos governos anteriores. A todo instante, o passado vinha assombrar o presente, arrastando correntes até então insuspeitadas.

É assim na economia e é assim também na política, quando os biógrafos vasculham a vida de certos personagens e descobrem alianças e traições quase inacreditáveis. O passado é sempre uma surpresa, e esse é um de seus grandes charmes.

Por sorte, não há disso na literatura. Um escritor publica um romance e este atravessa os séculos sem alterações. É um conforto. Mas, apenas como exercício, como seria se os personagens dos romances tivessem vida própria e secreta dentro do seu livro original ou de um livro para outro?

O que diriam, por exemplo, José de Alencar e Joaquim Manuel de Macedo se Peri, o índio herói de *O guarani*, chutasse Ceci para fora da canoa ao passar por Paquetá e ver de longe a figura de Carolina, de *A moreninha*, pela qual se apaixonou? Ou se, logo depois de ter sua história narrada por Graciliano Ramos em *Vidas secas*, aquela família de retirantes morresse afogada por um rompimento no açude provocado por uma tremenda chuva no Nordeste?

E se, pelas costas de Guimarães Rosa, toda a tropa de *Grande sertão: veredas* – menos o ingênuo Riobaldo – soubesse desde o início que Diadorim era mulher? E não só isso, como também que Diadorim adorava namorar e não recusava serviço com os jagunços. E que o único de quem ela guardava sua virtude era Riobaldo, porque pretendia largar o cangaço e se casar com ele de véu e grinalda.

Noite de autógrafos

Escritores, principalmente de ficção, mentem muito, ou não seriam escritores de ficção. Mas ninguém mente mais que escritores em campanha de lançamento de um livro, não importa o gênero. A noite de autógrafos, por exemplo, é um terreno fértil para tal autor delirar e dizer, no dia seguinte, que assinou muito mais livros do que os modestos 15 ou 20 que autografou na vida real.

Minha história favorita é a da bela romancista bissexta que, há anos, teria autografado 2.000 livros de uma sentada numa livraria em São Paulo. Já com uma certa prática na matéria e com o espírito de porco que me caracteriza, fiz os cálculos. Dois mil livros? Vamos supor que a autora tenha recebido cada leitor à mesa, aceitado o seu beijo, trocado com ele uma única e simpática frase, deixado fotografar-se abraçada ao dito, escrito algo bem simples, assinado, devolvido o livro, aceitado outro beijo e dito tchau – e tudo isso em 1 minuto cravado.

Significa que os 2.000 livros lhe terão tomado 2.000 minutos. Ou seja, ela ficou sentada por 33 horas e 20 minutos, assinando sem parar nem mesmo para tomar um gole de *prosecco*, roer um amendoim ou dar um pulinho lá dentro. Nem os megassellers americanos que aportam aqui e carimbam os livros em vez de assiná-los conseguiriam tal proeza.

Já o autor mais consciencioso, em meio à sessão, dá uma espiada na fila, constata que ela está muito comprida e tenta apressar o processo, para que seus leitores idosos não morram de velhice antes de chegar a ele. Mas nem sempre é possível, porque quem vai a tais eventos quer mais que um autógrafo – quer também trocar uma palavra com o autor e sentir, ao vivo, se ele se parece com o que escreve.

É um momento bonito esse encontro do escritor com seus leitores. E não importa que tenha sido uma noite de 15 ou 20 autógrafos – ou de imaginários 2.000.

Leitora nº 1

Desde a primeira vez, em novembro de 1990, foi impossível não notá-la. Quando cheguei ao Teatro dos Quatro, no Shopping da Gávea, onde haveria a sessão de autógrafos de meu livro *Chega de saudade*, ela já estava junto à mesa, agarrada ao seu exemplar. Era a primeira da fila. Teria uns 60 anos e era pequenina e magrinha, mas falante e despachada. Disse o nome: "Ester Costa".

Parecia íntima de todo o mundo que chegava para o lançamento: João Donato, Miúcha, Luizinho Eça, Ronaldo Bôscoli, Marcos Valle, Os Cariocas – e a todos pedia que autografassem a página do livro em que apareciam. Depois, sumiu no tumulto daquela noite. Nos anos seguintes, publiquei outros livros e ela continuou a ser a primeira a chegar aos lançamentos.

Passei a vê-la também nos shows de bossa nova – sempre com seu *Chega de saudade* à mão, colhendo autógrafos. Ester gostava de música, mas gostava ainda mais dos artistas que, como ela, envelheciam. Se soubesse que um deles estivesse doente, ia visitá-lo todos os dias. Instava os amigos a telefonar-lhe, fazia-o acreditar que era querido e lembrado, e só não o ajudava com dinheiro porque não tinha.

Um dia, sozinha e aposentada, mas sempre elegante e arrumadinha, precisou de dinheiro para uma emergência. O jeito foi oferecer a um amigo o seu exemplar de *Chega de saudade*, já ensebado e com orelhas nas pontas, mas contendo assinaturas que nunca mais seria possível conseguir. Isso aliviou sua situação. Ela perdeu o livro, mas ele ficou em boas mãos. O que interessava era o seu amor de décadas por pessoas como Doris Monteiro, Tito Madi, Pery Ribeiro, Billy Blanco, Orlann Divo e tantos outros.

Há meses, relancei um livro, *Rio Bossa Nova,* pela Casa da Palavra, que dediquei por impresso a ela: "Para Ester Costa, minha leitora nº 1". Foi como se adivinhasse. Pouco depois, Ester partiu, em seu apartamentinho em Copacabana, aos 82 anos.

Governados pelas palavras

Na Flip (Festa Literária Internacional de Paraty), tudo remete à palavra – a linguagem verbal. Este ano não foi diferente. Escritores, leitores, organizadores, livreiros, editores, jornalistas, vendedores de cachorro-quente e engolidores de fogo, e até os visitantes para quem a festa é apenas uma festa, todos estiveram lá por causa da palavra. O que é um alívio num mundo asfixiado por excesso de imagem e ruído.

As mesas de debates, atração maior do evento, são cerimônias da palavra. Nelas discutem-se ideias e informações, mas, neste fim de semana, algumas veicularam também emoção. O mesmo acontece nas palestras paralelas, extra-Flip, às vezes mais pessoais e calorosas do que as da programação oficial. Não faz diferença – as palavras servem para produzir beleza ou inquietação.

Foram elas que governaram os encontros de rua entre os escritores e seus fãs, a resultar nos autógrafos assinados em qualquer lugar; as livrarias duras de gente; os "pés de livros", árvores de cujos galhos pendiam livros para crianças; os jovens que tomaram as praças declamando prosa ou poesia; e a própria educação pela pedra que significa andar por Paraty – seu calçamento nos ensina onde e como pisar.

Num daqueles dias, fui acordado pelo som inconfundível de uma máquina de escrever nas proximidades – tec tec tec, tec tec tec. Em Paraty, a ideia de alguém datilografando àquela hora não parecia absurda. Tinha até um ritmo peculiar: cinco ou seis tec-tecs e silêncio; outros tec-tecs e novo silêncio. O impressionante é que alguém ainda estivesse usando uma máquina de escrever, objeto, como se sabe, extinto.

Espiei pela janela. Ninguém à vista, exceto dois passarinhos, tipo rolinhas gigantes, num galho da árvore no quintal. Perguntei a Carmen, caseira da pousada, sobre o tal datilógrafo. Ela disse: "Não existe. Quem faz esse tec-tec é a trocal, uma pomba da mata." Ah, bom, estava explicado. E não me decepcionei. Ao contrário. Tinha de ser em Paraty, onde até os passarinhos parecem escrever.

Entreouvido no Parque Maiér

Em 1973, quando o conheci, o Parque Meyer (pronuncia-se Maiér), antigo reduto teatral e boêmio de Lisboa, já tinha vivido melhores dias. Mas ainda possuía algumas tascas – botequins –, frequentadas por artistas, jornalistas, escritores e outros vadios. Recém-chegado à cidade, fui levado a uma delas. Ao ver que eu era brasileiro, o proprietário se iluminou: "Sabe quem cá esteve outro dia? O Jorge!". Perguntei, meio por perguntar: "Que Jorge?". E ele: "O Jorge!!" – como se só houvesse um Jorge no mundo. "Está bem, mas qual Jorge???", insisti. Explodiu: "O Jorge Amado!!!".

Ah, sim, o Jorge Amado. Naquele momento, perguntei-me o que o nosso então mais famoso escritor, publicado em dezenas de línguas, acharia de saber que sua presença era tão importante para o dono de uma humilde tasca lisboeta. Nunca falei com Jorge, mas, pelo que sei dele, acho que valorizaria mais aquela explosão de afeto do que as medalhas que lhe eram espetadas no peito por ditadores do Leste Europeu.

Jorge Amado era internacional sem se esforçar. No começo, beneficiou-se da influência do Partido Comunista, a que pertencia, mas, se não fosse tão bom como narrador, não chegaria a lugar nenhum. Sempre penso nele ao saber que este ou aquele escritor está eufórico porque, depois de muita luta, foi traduzido para o lituano, afegão ou javanês.

Pessoalmente, não posso me queixar. Tenho livros publicados nos Estados Unidos, Inglaterra, Alemanha, Espanha, Itália, Polônia, Japão, Rússia e Turquia. Nenhum deles alterou minha conta bancária e, pior, em alguns, não reconheço nem meu nome na capa. O que gosto mesmo é de ser publicado em Portugal e saber que estou sendo lido e entendido em minha língua.

E torcendo para que, um dia, um brasileirinho ouça no Parque Maiér, se ainda existir, a pergunta: "Sabe quem cá esteve outro dia? O Ruy...".

O substituto da vida

Quando meu instrumento de trabalho era a máquina de escrever, eu me sentava a ela, punha uma folha de papel no rolo, escrevia o que tinha de escrever, tirava o papel, lia o que escrevera, aplicava a caneta sobre os xxxxxxxx ou fazia eventuais emendas e, se fosse o caso, batia o texto a limpo. Relia-o para ver se era aquilo mesmo, fechava a máquina, entregava a matéria e ia à vida.

Se trabalhasse num jornal, "ir à vida" incluiria discutir futebol com o pessoal da editoria de esporte, paquerar a diagramadora do caderno de turismo, ir à esquina comer um pastel ou dar uma escapada ao cinema à tarde – em 1968, fugi do *Correio da Manhã*, na Lapa, para assistir à primeira sessão de *2001: Uma odisseia no espaço* no dia da estreia, em Copacabana, e voltei maravilhado à redação para contar a José Lino Grünewald.

Se estivesse numa das fases de trabalhar em casa, ao terminar de escrever eu fechava a máquina e abria um livro, escutava um disco, dava um pulo rapidinho à praia, ia ao Centro da cidade varejar sebos ou fazia uma matinê com uma namorada. Só reabria a máquina no dia seguinte.

Hoje, diante do computador, termino de produzir um texto, vou à lista de mensagens para saber quem me escreveu, deleto mensagens inúteis, respondo às que precisam de resposta, eu próprio mando mensagens inúteis, entro em jornais e revistas on-line, interesso-me por várias matérias e vou abrindo-as uma a uma. Quando me dou conta, já é noite lá fora e não saí da frente da tela.

Com o smartphone seria pior ainda. Ele substituiu a caneta, o bloco, a agenda, o telefone, a banca de jornais, a máquina fotográfica, o álbum de fotos, a câmera de cinema, o DVD, o correio, a secretária eletrônica, o relógio de pulso, o despertador, o gravador, o rádio, a TV, o CD, a bússola, os mapas, a vida. É por isso que nem chego perto dele – temo que me substitua também.

A grande vedete

Há anos, fui procurado por uma amiga ou secretária de Dercy Gonçalves. A atriz me convidava a escrever sua biografia. Eu estava mergulhado na preparação de um livro, que não sabia quando iria terminar, e não podia assumir um compromisso tão sério. Além disso – tentei explicar delicadamente –, não costumava pegar encomendas, nem biografar pessoas vivas.

É difícil convencer alguém de que um biografado vivo não é confiável. Se ele é importante para merecer uma biografia, será também poderoso o suficiente para tentar influir no texto. Primeiro, ao ser ouvido pelo biógrafo, mentirá quanto puder sobre si próprio. Depois, obrigará os amigos a mentir por ele – ou a omitir fatos que não sejam de seu interesse revelar. Acho que Dercy, por seu temperamento cru, não faria isso, mas não podia abrir uma exceção.

Assim, disse à secretária ou amiga que, "se e quando Dercy viesse a faltar", é que sua história estaria terminada, e só então ela poderia ser biografada. E, como eu era seu fã e queria que ela vivesse para sempre, não via como poderia aceitar o trabalho. A moça transmitiu o recado e ficou por isso mesmo.

Tempos depois, em seu programa de TV, Hebe Camargo perguntou a Dercy se ela não gostaria de ter sua biografia escrita. E Dercy, bem a seu estilo, respondeu: "Queria muito. Até já mandei falar com o tal do Ruy Castro. Mas ele só gosta de morto!"

Outro dia, por acaso, revi seu filme *A grande vedete*, de 1958, dirigido por Watson Macedo. Na sequência final, Dercy, com mais de 50 anos, dança em volta de Catalano e canta a deliciosa "E tome polca", de José Maria de Abreu e Luiz Peixoto. Ao me lembrar dela, toda catita nos versos "*E tem um chá / Bolinhos de polvilho / E outros triviais*", quase me arrependi de não ter aceitado seu convite.

Ruas da delicadeza

Numa entrevista em Lisboa ano passado, perguntaram-me o que eu mais gostava em Portugal. "A delicadeza da língua", respondi. E expliquei: "É algo que um brasileiro percebe aqui a todo momento. Um jeito poético de nomear as coisas – uma delicadeza que veio do passado. Está nos nomes dos objetos, dos materiais, dos alimentos, das cidades e, principalmente, das ruas."

Abriu-se um mapa de Lisboa e comecei a indicar nomes que, fossem no Brasil, já teriam sido substituídos pelos de políticos, tubarões e toda sorte de canastrões influentes.

Como as ruas em homenagem aos titulares de tantas profissões: rua dos Arameiros, dos Sapadores, dos Fanqueiros, dos Douradores, dos Correeiros, dos Ladares, dos Sapateiros, dos Actores, dos Bacalhoeiros. Ou as ruas da Esperança, das Farinhas, do Terreirinho e, mais famosas, a das Flores, a do Ouro e a da Prata. E a do Sol ao Rato? E a do Poço dos Negros? E a das Janelas Verdes?

Alguns nomes são música: a Travessa das Mônicas, o Alto da Cova da Moura, a Escadinha da Saúde, a Calçada da Picheleira. Ou a Travessa das Fábricas de Sedas, a Calçada das Necessidades, a Alameda dos Oceanos, a Rotunda das Oliveiras. E que tal um giro sem compromisso pelo Cemitério dos Prazeres?

Há também em Lisboa uma rua que não se qualifica como rua, praça ou travessa. Chama-se apenas Triste Feia – daí fazer parte da "toponímia das ruas que não o são". Fica no bairro de Alcântara, já foi cantada pelo poeta Antonio Nobre e se refere a uma mulher que, nos idos de 1770, era assim chamada por motivos óbvios. A delicadeza de Lisboa deu à Triste Feia algo que suas belas e alegres contemporâneas não tiveram: uma rua pela eternidade.

O nome da editora

De todas as profissões que conheço, nenhuma mais delicada que a do editor de livros. O que faz alguém se dedicar a ela? O trabalho é ingrato. Consiste em receber ou disputar originais, lê-los, avaliá-los e, caso aceitos, publicá-los – o que significa contrato com uma gráfica, revisão, provas, seleção do papel e da fonte, criação da capa, texto das orelhas e, meses depois, o lançamento, a distribuição, o silêncio da crítica e, quase sempre, o lento escoar do livro nas livrarias. A única parte divertida do negócio deve ser a escolha do nome da editora.

Do século XIX até há pouco, as editoras tinham o nome de seus proprietários: Paula Brito, Quaresma, Garnier, Francisco Alves, Leite Ribeiro, Costallat & Miccolis, Freitas Bastos, Schmidt, Pongetti, José Olympio, Martins, Vecchi, Ozon, Martins Fontes, Zahar, Rocco, Cosac Naify. Quando os titulares perdiam a posse de suas editoras, os novos donos não eram bobos de mudar um nome que levara décadas sendo construído.

A partir dos anos 1940, começaram a surgir os nomes mais genéricos, mas fortes, positivos, progressistas: Nacional, Civilização Brasileira, Melhoramentos,

Agir, Lidador, Record, Perspectiva, Nova Fronteira, Artenova, Objetiva e, ultimamente, Contexto, Sextante, Autêntica, Intrínseca e tantas mais.

Sem falar nas que se referem ao próprio ofício: Editora do Autor, Companhia das Letras, Sete Letras, Claro Enigma, Gutenberg, Graphya, Gryphus, Casa da Palavra, Iluminuras, Best-Seller, Belas Letras.

Mas eis que surge agora uma nova tendência: a dos nomes poéticos e evocativos – Aprazível, Capivara, Cobogó, Folha Seca, Maquinária, Boitempo, Benvirá, Suma, Lazúli, Panda, Pandora, Barcarolla, Tapioca, Veneta, Amarilys, Ouro Sobre Azul, Peixe Grande, Três Estrelas, Biblioteca Azul, Edições de Janeiro e Céu Azul de Copacabana. Induzem o leitor a fazer cafuné no livro.

Sambândrade

O mundo já foi sério demais. Em 1971, duas alunas do primeiro ano de comunicação de uma faculdade do Rio foram ameaçadas de reprovação se apresentassem seu trabalho de fim de ano num formato heterodoxo: música e letra de um samba-enredo.

Nos meses anteriores, embora a maioria daqueles rapazes e moças se destinasse ao ofício do jornalismo, termos como copidesque, lide, sublide e calandra ficaram inéditos na boca dos professores. O básico que se exige de um repórter – saber fazer perguntas, ouvir respostas, organizar o material e editá-lo da forma mais clara, objetiva e verdadeira possível – continuava um mistério para a classe.

Em compensação, os alunos passaram o ano submetidos a um cardápio sólido de fenomenologia das formas simbólicas, princípios de semiótica, teoria da comunicação não verbal, antropofagia aplicada, Joyce, Pound e, não por último, Sousândrade (1833-1902), o folclórico poeta então recém-descoberto. Incapazes de entender a relação entre tais prosopopeias e o trabalho num jornal diário ou revista, duas alunas, Heloisa Seixas e Regina Protasio, traduziram sua perplexidade e a da turma numa paródia de samba-enredo a que deram o título de *Sambândrade*. Dizia assim:

"Foi no século passado/ Que nasceu iluminado/ Pela luz da inteligência/ Um homem que foi sempre atacado/ Como louco apedrejado/ No Maranhão e adjacências// Sua poesia futurista/ Pelo povo foi malvista/ E incompreendida/ Afinal/ Ele foi o precursor/ Incondicional/ Da estrutura verbivocovisual// Da antropofagia/ E da vanguarda no Brasil/ Que no conjunto vazio construiu/ A paródia, a ironia e coisa e tal// Atenção pro final!// Sousândrade, Sousândrade/ Baluarte da cultura nacional!"

Fosse hoje essa história, em qualquer das nossas universidades, Regina e Heloisa talvez ganhassem nota máxima.

Viagem a 1866

Outro dia, em busca de determinada informação, caiu-me às mãos um almanaque de 1866. Por força do hábito, examinei-o pelo avesso e descobri em seus textos um panorama encantador. Como todos antes dele, 1866 foi um ano cheio de domingos. Nasceu e morreu gente. Declararam-se guerras e fizeram-se as pazes, não necessariamente nessa ordem. O barco a vapor, o telégrafo e a fotografia eram as grandes novidades, e já havia no ar um xodó pela tecnologia. Mas não adiantava: aquele mundo de 150 anos atrás continuava predominantemente literário.

Eram tempos em que, flanando pelas grandes cidades, os mortais podiam cruzar com os escritores nas ruas – poetas, romancistas, pensadores –, segui-los até seus cafés, sentar-se à mesa do lado, ouvir o que eles diziam e, quem sabe, puxá-los pela manga e oferecer-lhes fogo. Talvez em nenhuma outra época tantos gênios morassem nas mesmas cidades, quem sabe até em bairros vizinhos. E todos em idade madura, no auge de suas vidas ativas e criativas.

Na Paris de 1866, por exemplo, roçavam cotovelos Alexandre Dumas, Victor Hugo, Baudelaire, Gustave Flaubert, Julio Verne, Émile Zola, Mallarmé, Paul

Verlaine. Em Londres, Charles Dickens, Lewis Carroll, Thomas Hardy, Samuel Butler. Em Nova York, Herman Melville, Mark Twain, Walt Whitman, Emily Dickinson, Ambrose Bierce, Henry James. Em Moscou, Turgueniev, Tolstoi, Dostoiévski. Em Lisboa, Antero de Quental, Camilo Castelo Branco e, claro, Eça de Queiroz.

Numa esticada a Leipzig, na Alemanha, não seria impossível esbarrar em Friedrich Nietzsche. A Estocolmo, na Suécia, em August Strindberg. A Oslo, na Noruega, em Henrik Ibsen. A Copenhague, na Dinamarca, em Hans Christian Andersen.

E, no Rio, podia-se tomar um bonde e, de repente, descobrir que se estava viajando ao lado de José de Alencar ou de Machado de Assis. Que viagem, a 1866.

O autor de inéditos

Deu na imprensa: Dalton Trevisan acaba de ganhar um prêmio literário com um livro de contos inéditos. Até aí, nada de mais: Dalton deveria ganhar prêmios literários todo ano. Mas atenção para o detalhe que os repórteres não deixaram de observar: os contos eram inéditos. Dá-se muita importância hoje a tudo que é inédito.

Isso demonstra a grande coerência de Dalton. Quando ele estreou na literatura, em 1959, com *Novelas nada exemplares*, já era um livro de contos inéditos. Depois veio *Cemitério de elefantes* (1964), idem, de inéditos. Em seguida, *Morte na praça* (1964), e a obra-prima *O vampiro de Curitiba* (1965), ambos também de inéditos. E assim continuou, até hoje. Desde cedo Dalton encontrou sua forma ideal de expressão: escrever contos inéditos.

É claro que não foi o primeiro a fazer isso. Antes dele, Shakespeare já escrevera uma peça inédita, *Hamlet* (c. 1600); Edgar Allan Poe, o poema inédito "O corvo" (1845); e James Joyce, o romance inédito *Ulisses* (1922). Sem falar em Machado de Assis, Lima Barreto, Marques Rebelo. Parece que escrever inéditos é uma mania dos escritores. Os poucos que fugiram a essa regra – ou seja, escreveram coisas não inéditas – arriscaram-se a processos dos autores originais.

Modestamente, eu próprio tive de me submeter. Todos os livros que publiquei, entre os quais *Chega de saudade* (1990), *O anjo pornográfico* (1992) ou *A noite do meu bem* (2016), eram inéditos. É verdade que, logo que foram publicados, deixaram de ser inéditos. Tornaram-se éditos. Mas nem assim os colegas ficaram satisfeitos. Sempre me perguntam se estou preparando algum novo livro inédito.

Para mim, o único escritor autêntico de livros inéditos é o de província, que tem uma gaveta cheia de livros de contos ou de poemas que, tadinho, ele não consegue publicar.

a companhia dos amigos

O sebo e o céu

Num dia 30 ou 31 de dezembro, fui visitá-lo na Elizart, seu sebo na rua Marechal Floriano, no velho Centro carioca. Na saída, soltei uma frase: "Quando morrer, não quero ir para o céu, Manel. Quero ir para um sebo." Ele gostou e tomou nota. Manuel Mattos, ou Manel, à moda antiga, era assim. Vivia pelas palavras, ditas ou impressas.

Se minha ideia era a de ir para um sebo depois de morto, Manel fez melhor: praticamente nasceu dentro de um, fundado por seu pai, e passou a vida nele. O mundo era só uma extensão das estantes. Não se contentava em comprar livros raros e machucados, às vezes sem capa, dar-lhes um trato – como copiar à mão o sumário e aplicá-lo à guisa de capa – e em exibi-los em bancadas para o primeiro que passasse. Conforme o livro, dedicava-se a procurar a pessoa que, a seu ver, fora feita para ele. Quando lhe disse que estava pesquisando sobre Manuel Antonio de Almeida, autor de *Memórias de um sargento de milícias*, cumulou-me de livros, revistas e recortes raros sobre seu xará, material que tirou de sua reserva particular. Não contente, subiu comigo ao morro da Conceição, um dos cenários do livro. Manel sabia tudo sobre cada esquina daquele e de outros berços do velho Rio.

Pouco depois, caiu doente. O câncer castigou-o por mais de um ano. Mas, a cada má notícia, ele se superava e vencia mais uma etapa. Até que, há pouco, ligou-me num fim de tarde. Disse que esperava viver mais um dia – só mais um –, mas sabia que não seria possível.

"Não pensei que fosse acabar como peru, morrendo de véspera", ele riu. Citou minha frase pela última vez. Despediu-se tranquilo e partiu algumas horas depois.

Visitá-lo na Elizart no último dia útil do ano já era uma tradição. Continuarei a fazer isso. O sebo estará lá, tocado por seus irmãos, filho e sobrinha. E sei que, de muitas maneiras, Manel também estará. Afinal, é o seu céu.

A bordo com Callado

Antonio Callado, que teria feito 100 anos outro dia, era um absurdo de agradável como pessoa. Seu tom de voz, olhar atento e respeito pelo interlocutor faziam com que, em sua presença, o ser humano parecesse melhor. Eram qualidades que, não sei por quê, atribuíamos aos ingleses – e, de fato, em jovem, Callado morara em Londres, a trabalho. Teria trazido de lá essa postura? Seu amigo Nelson Rodrigues achava que não. Para ele, o inglês era uma ilusão, e Callado, sim, o "único inglês da vida real".

Callado foi generoso comigo durante o trabalho em meu livro sobre Nelson, *O anjo pornográfico*, de 1992. Recebeu-me mais de uma vez em seu apartamento no Alto Leblon e me falou do Nelson com quem trabalhou em 1941, ambos adaptando quadrinhos e folhetins para o *Globo Juvenil*, e do Nelson com quem conviveu nos ásperos anos 1960 e 1970, sem que as diferenças ideológicas os separassem.

Por vários motivos, eu só conhecera Callado tardiamente, num dos passeios de saveiro que uma turma de jornalistas e escritores do Rio fazia à Ilha Grande em fins dos anos 1970. Numa dessas, no réveillon de 1979, eu levara para bordo um livro de

P. G. Wodehouse (1881-1975), da sua longa série sobre o dândi Bertie Wooster e seu fabuloso criado Jeeves, na Londres de 1910. Não há leitura menos "séria" – nem mais deliciosa. Lendo sentado no chão, junto à amurada, reparei que Callado, no outro lado do convés, me olhava firme.

Aquilo começou a me incomodar. Ali estava o homem que sobrevivera às bombas sobre Londres na Segunda Guerra, dirigira o *Correio da Manhã* em épocas de crise, cobrira a guerra do Vietnã, escrevera o romance *Quarup* e vivia sendo preso pela ditadura. Devia estar me achando o maior alienado do mundo. Horas depois, não se conteve. Aproximou-se e disse: "Ruy, falta muito para você terminar? Este é o único livro do Jeeves que ainda não li!"

Tarde demais

Há anos, passando em frente a uma lavanderia da Lapa, algo me chamou a atenção: uma pilha de 50 ou 60 discos de 78 rpm no chão, na porta do estabelecimento. Não entendi por que uma lavanderia resolvera, de repente, vender discos, mas, velho fuçador de sebos, abaixei-me para examinar. O primeiro da pilha já era espetacular: um disco da gravadora Sinter, apresentando um choro no lado A e um "bop" no lado B. Intérpretes: "Os melhores de 1953".

E quem eram "Os melhores de 1953"? A lista vinha impressa no selo: entre outros, os saxofonistas Zé Bodega e Cipó, o trompetista Julio Barbosa, o trombonista Nelsinho, o clarinetista Severino Araújo, o arranjador e pianista Radamés Gnattali, o baterista Luciano Perrone – e outro saxofonista, Paulo Moura. Em 1953, Paulo Moura tinha apenas 20 anos, mas já podia sentar-se entre aqueles mestres. E o fato de o disco conter um choro e um tema puxado ao jazz indicava as duas direções de sua carreira.

Folheei os outros discos e nenhum me interessou. Perguntei ao homem do balcão se estavam à venda. Respondeu que eram de graça – desde que eu levasse todos. Não os jogara fora há mais tempo porque tivera pena, um deles poderia interessar a alguém. Não discuti. Agradeci e peguei. Fiz sinal para um táxi, e o motorista me ajudou no carreto das bolachas para o banco traseiro. Já o dos "Melhores de 1953" foi a salvo comigo, preso pelas duas mãos.

E até hoje o tenho. Mas, agora, com um travo de remorso. Certa vez, falei desse disco ao próprio Paulo Moura. Ele disse que já não o tinha havia décadas e lamentava que nunca mais voltara a escutá-lo. Prometi-lhe uma cópia, mas, com as idas e vindas da vida, o disco sumiu de minhas vistas. Estive com Paulo Moura muitas vezes, e ele, elegantíssimo, nunca me cobrou. Eu é que me sentia em dívida.

Pois, esta semana, reencontrei o disco em casa, numa estante. E me comovi ao ler o título do choro – "Agora é tarde demais" – porque Paulo Moura acabara de morrer.

Triângulo da alegria

Na condição de passageiro profissional – nunca dirigi um carro –, sempre vi com simpatia a categoria dos taxistas. O fato de não saber onde fica a rebimboca da parafuseta não me impede de apreciar o drama desses homens que passam 12 horas por dia amarrados a uma poltrona, enfrentando engarrafamento, calor, barulho, fumaça, ônibus, caminhões, grosserias, o irritante bibi das motos e, no caso dos taxistas de São Paulo, não gostam de ligar o ar-condicionado.

Pela vida, sentado no banco de trás ou do carona, a quantidade de motoristas que conheci deve ter superado em número os elencos de Balzac e Zola em seus romances e, em figuras da psicologia, todos os desvios e transtornos do catálogo.

Já viajei com motoristas neuróticos, estressados, depressivos, hipocondríacos, bipolares, dementes, delirantes, amnésicos, fóbicos, obsessivos, compulsivos, sonados, insones, bulímicos, anoréxicos, hiperativos e sujeitos a tiques. Você dirá que, em 30 minutos de corrida, é impossível diagnosticar o problema do taxista. Também acho. Na verdade, o que me interessa neles não é a doença, mas o que fazem com ela. Cada qual tem seu estilo de vencer a exasperação.

Meu favorito é um motorista do ponto de táxis do hotel em que me hospedo há mais de dez anos em São Paulo. Chama-se Fernando, tem uns 60 anos, cabelos brancos e parece mal-humorado. Mas não é. Quando o trânsito para naqueles infernais nós, ele tira do porta-luvas um triângulo. Um triângulo metálico, prateado, e um bastãozinho idem – instrumento vital na cozinha rítmica dos baiões, xaxados, cocos e outros ritmos do Nordeste de onde, um dia, ele saiu.

Fernando põe para tocar um CD de Luiz Gonzaga. Segura o triângulo com a mão esquerda, o bastão com a direita e, por alguns minutos, com a maior competência e alegria, torna melhor a vida dele e a minha.

Um santo da especialidade

Meu dentista, Dr. Americo, telefonou para adiar uma consulta que havíamos agendado. Tinha de ir a um sepultamento. Tudo bem. Americo já me atendeu em inúmeros sábados, domingos e feriados. Faz isso com todo mundo. É um santo da especialidade e, quando se trata de seus clientes, excede muitas vezes a simples dedicação profissional.

O sepultamento era o de uma velha paciente sua, uma senhora viúva e sem filhos, dona de um cachorro. Dez anos atrás, ela lhe dissera que o psiquiatra, para curá-la de uma depressão, aconselhara-a a adotar um cachorro. Ela comprara um lulu-da-pomerânia, dera-lhe o nome de Rubi e insistia em que ele, Dr. Americo, fosse o padrinho de batismo de Rubi.

Americo não pôde recusar e, no domingo seguinte, lá estava ele na praça Nossa Senhora da Paz, em Ipanema, pronto para levar Rubi à pia batismal do querido padre Jorjão, num batismo coletivo de cachorro. Apenas recusou-se a levar o lulu num carrinho de bebê, como sua dona queria. Levou-o no colo, mesmo, e assim Rubi recebeu o sacramento. Passaram-se nove anos e nove festinhas de aniversário de Rubi, a que Americo teve de comparecer munido de presente, cortando o bolo e cantando parabéns. São sagrados os deveres de um padrinho.

Aconteceu que, há pouco, Rubi morreu de madrugada, e Americo, avisado por telefone pela empregada da senhora, foi encarregado de dar a notícia a esta assim que ela acordasse. O que exigiu todo o seu tato e consideração. Americo teve também de cuidar pessoalmente da cremação de Rubi e da aspersão de suas cinzas, jogadas do alto do Pão de Açúcar ao nascer do sol.

A infeliz senhora lhe disse que, com o falecimento de Rubi, já não tinha motivo para viver. E, de fato, dias depois, Americo recebeu a notícia de sua morte. Era a esse sepultamento que ele estava indo naquela manhã.

Perfeito, harmonioso e feliz

Minha amiga Maria Ângela, produtora de teatro, viu-se outro dia diante de uma situação nada incomum em sua profissão. A menos de duas horas da estreia – e justamente na noite em que o espetáculo seria visto pelos patrocinadores e seus convidados –, foi informada de que o ator, ao se preparar para sair de casa, escorregara no banheiro, batera com o rosto no chão e estava todo inchado e cheio de pontos. E que o substituto ainda não estava ensaiado direito. Detalhe: a peça era um monólogo, e o ator era tudo.

A estreia teve de ser cancelada, o que tornou ainda mais difícil a vida de uma produtora nesses tempos em que tudo parece contribuir para manter os teatros vazios. Como tal tipo de imprevisto já lhe aconteceu mais de uma vez – e, por ser imprevisto, pode ocorrer até nos espetáculos mais à prova de erro –, Maria Ângela adotou um antídoto contra o estresse. Quando sente que seus nervos começam a se sacudir e a tremelicar, simplesmente vai ao... cinema.

Entra no mais próximo e não quer saber qual é o filme, o tema, o ator ou o diretor. Recosta-se na poltrona, tira os sapatos e, com um sorriso nos lábios, atura os comerciais, os trailers, o som em volume para surdos e o exército de mandíbulas mastigando pipoca ao seu redor – aliás, ela também está mastigando a sua pipoca. E então começa o filme. Ali ela sabe que nada, nadica, dará errado.

Nenhum ator vai faltar, mesmo que lhe tenha acabado de morrer a mãe. Ninguém vai cair no fosso. A luz não vai acabar. O cenário não vai desabar. A cortina não vai emperrar. O som não vai desprogramar. A corda do violão não vai quebrar.

O que tinha de dar errado já deu, durante a produção do filme, e foi corrigido – tanto que o filme está ali, na tela. É a vez de Maria Ângela fechar os olhos e acreditar que, durante uma hora e meia, o mundo é perfeito, harmonioso e feliz.

Cortejo de pirilampos

O homenageado da Flip em 2007 foi Nelson Rodrigues. Entre as atrações da festa, havia a exibição de *Vestido de noiva*, o filme baseado em sua peça, que seu filho, o cineasta Joffre Rodrigues, levara anos para conseguir filmar e outros tantos para conseguir lançar – e, quando isso aconteceu, o exibidor programou-o de propósito numa semana ingrata, tipo Carnaval, com o que o filme entrara e saíra de cartaz quase em segredo.

Donde poder vê-lo em Paraty seria uma rara oportunidade – também para mim, que estava viajando e não o assistira quando ele passou como um raio pelas telas do Rio. Sentado numa das cadeiras do cineminha local, pisquei para Joffre quando ele entrou e, debaixo da tela, tentou dizer algumas palavras antes da sessão.

Apenas tentou, porque, emotivo como era, chorou ao descrever os onze anos de vida que o filme lhe custara, a luta para levantar o dinheiro e sua insegurança a respeito das liberdades que tomara ao adaptar a peça quase sagrada de seu pai. E, finalmente, o fato de que tão pouca gente pudera vê-lo.

Finalmente, Joffre enxugou os olhos e o filme começou. Com poucos minutos, convenci-me de que

Vestido de noiva, a peça, estava toda ali no filme, não como "teatro filmado", como tinham dito os críticos, mas legitimamente transfigurada para o cinema. De repente, por volta do 20º minuto da projeção, pifou a energia na cidade. Paraty ficou às escuras.

E, então, aconteceu uma coisa bonita: ninguém arredou pé. Ficamos esperando que a energia voltasse e a sessão se reiniciasse. Mas passou-se uma hora e, como isso não aconteceu, só então começamos a ir embora, todos juntos, lentamente. Imaginei que Joffre estaria chorando de novo. As lágrimas o impediriam de ver o cortejo de pirilampos, formado pelos celulares acesos que as pessoas usavam, à guisa de lanternas, pela noite de Paraty.

Estripulia do Francis

Em 1968, todas as manhãs, Paulo Francis saía de seu apartamento em Ipanema e, todos os dias, ia almoçar na cidade com os editores Enio Silveira, da Civilização Brasileira, e Jorge Zahar. Eram seus maiores amigos. Por volta de duas da tarde, Francis ia a pé para um de seus empregos, a revista *Diners*, de que era diretor, na esquina da Rio Branco com Ouvidor, onde passava a tarde recebendo gente ilustre – Fernando Gasparian, Millôr Fernandes, Glauber Rocha muitos mais – e despachando com seus colaboradores fixos: Telmo Martino, Flavio Macedo Soares, Alfredo Grieco e este colunista.

No fim do dia, Francis tomava um táxi e ia para seu segundo emprego, o *Correio da Manhã*, na Lapa, onde editava o "Segundo Caderno", diário, e um admirado caderno semanal de cultura. Como eu próprio colaborava no *Correio* e ia lá todo dia, nem que fosse para namorar, fiz várias vezes com Francis esse trajeto. Nunca o ouvi se queixar – era normal para um jornalista ter dois empregos.

Com toda a sua diversidade de interesses –política, história, imprensa, literatura, ópera, absorvidos de forma caótica, sem método –, Francis gostava da rotina. Quem quisesse falar com ele, era só ir à revista à tarde ou ao jornal à noite. Até que, de repente, em certa semana, Francis deu para chegar à revista quase na hora de sair para o jornal. Era inédito.

Ninguém lhe perguntou por onde andara, nem ele se propunha a dizer. Mas, por trás dos óculos com 200 graus de miopia, um certo ar moleque o traía. Até que ele próprio nos contou sua estripulia. Do almoço com Enio e Jorge, naquela semana estava indo direto a um poeira da Cinelândia, o Rivoli, para pegar a sessão das duas de um festival de filmes de seu herói de infância: Errol Flynn. Em quatro dias, assistira a *Capitão Blood* (1935), *A carga da Brigada Ligeira* (1936), *As aventuras de Robin Hood* (1938) e *O gavião do mar* (1940).

"Muito melhores do que '2001'!", exclamava.

Uma simples flor

Foi há dois anos, num supermercado aqui no Leblon. Luiz Carlos Maciel estava bem à minha frente numa fila de caixa, em que éramos precedidos por três senhoras com carrinhos abarrotados. Ambos tínhamos direito aos caixas reservados aos coroas, mas as filas destes eram tão longas que valia esperar pelas madames. Eu estava comprando um suprimento de biscoitos amanteigados enriquecidos com glúten. Maciel, apenas uma flor. Uma solitária rosa vermelha.

Ele se virou, me viu e nos abraçamos. Fomos contemporâneos nos verdadeiros primórdios do *Pasquim*, em 1969. Maciel já fazia então uma página intitulada "Underground", que tratava de tudo que fosse "alternativo", contracultura, antissistema. Ele era o arauto de um mundo novo, a ser conquistado pela juventude com as novas armas.

Essas armas eram a maconha e o LSD, a antipsiquiatria, a liberação sexual, o feminismo, o vegetarianismo, o zen-budismo e as religiões orientais e a luta contra o consumismo. Seus heróis eram os artistas e pensadores "libertários", como Bob Dylan, Yoko Ono, Timothy Leary, Norman O. Brown. Hoje, 50 anos depois, vê-se que muitas das bandeiras que Maciel defendeu de fato se impuseram. Em outras, ele perdeu espetacularmente.

Maciel acreditava que o uso das drogas se limitaria às pessoas adultas e responsáveis, que as usariam para "expandir a mente". Não previu que elas se tornariam o comércio mais poderoso e canalha do mundo. O consumismo, por sua vez, não só não acabou como passou a vender tudo que era "alternativo". E, pior, transformou a contracultura na cultura oficial e fez dela um novo e também odioso sistema.

Todos os artistas da sua geração, e que lutaram por esses mesmos ideais, enriqueceram com eles. Maciel não. Teve de trabalhar até o fim. Morreu outro dia, aos 79 anos, e eu me pergunto quantas outras filas de supermercado ele não terá enfrentado para comprar uma simples flor.

Parabéns no escuro

Terça-feira, 22h13, restaurante Da Graça, no Horto, ducado do Jardim Botânico, Rio. Nossa amiga Cecilia, marchande paulistana ardentemente convertida ao Rio, faz aniversário. O recinto ferve. Segue o bailarico, vem o chá, biscoitos de polvilho e outros triviais. E tome polca. De repente, apagam-se as luzes.

A galera prorrompe num flamante "Parabéns pra você". A aniversariante avisara que não queria bolo com velinhas – alguém podia contar as velas e ela não estava ali para pagar esse mico diante do namorado novo. Começam os abraços. Amigos de trinta anos, outros novos, fazem fila para lhe dizer que a amam. E só então, dito o último parabéns, percebe-se que a luz não voltou e a rua Pacheco Leão está às escuras.

Lá do fundo, alguém acabou de saber pelo celular que o Rio inteiro apagara. Claro, com o calor bárbaro que está fazendo, só podia dar nisto: toda a cidade ligou o ar-refrigerado ao mesmo tempo, houve uma sobrecarga e o sistema pifou. De repente, outro convidado anunciou que São Paulo também estava às escuras.

Em instantes, pela bateria de celulares presentes, soube-se que cidades e estados estavam caindo em dominó: Belo Horizonte, Salvador, Brasília, Paraná, Mato

Grosso, Acre, Rondônia. O apagão era geral. Países também: Paraguai e – soube-se depois, era boato – Argentina e Uruguai. A essa altura, pensou-se num blecaute global: a partir do Da Graça, a falta de luz se estendera a Nova York, Berlim, Tóquio, Turcomenistão.

Mas ninguém se apavorou. Ao contrário, alguém gritou "Eba!", aproveitou o breu e atracou-se com uma amiga já madura para o abate. Uma hora depois, as notícias foram chegando: a energia estava voltando em algumas cidades. Ótimo. Para Cecilia, no entanto, o principal já acontecera. No futuro, ela poderia dizer aos netos que, no dia de seus xis anos, metade da América do Sul apagara para lhe cantar parabéns.

Chá com Menescal

Roberto Menescal, compositor, músico e nome da primeira água da bossa nova, vai fazer 80 anos. Muitos dos colegas de seu tempo já se foram: Nara Leão, Ronaldo Bôscoli, Lucio Alves, Sylvinha Telles, Luizinho Eça, Luiz Carlos Vinhas, Oscar Castro Neves, Os Cariocas, Maysa, Baden Powell, Milton Banana, Lennie Dale, Aloysio de Oliveira, Elis Regina, Tom, Vinicius. Um dia, todos esses gigantes estavam vivos, ativos e fazendo música na mesma cidade.

Mas não faltará quem ajude Menescal a soprar as velinhas. Encerrada a fase histórica da bossa nova, ele se reciclou como produtor, dirigiu a gravadora Polygram e ajudou a revelar toda uma nova geração de cantores e compositores. Depois disso e até hoje, com seu selo Albatroz, tem provado que, mesmo em segredo, ainda se produz boa música no Brasil. E é também das pessoas mais generosas que conheço. Sua ajuda para meu livro *Chega de saudade*, em 1990, foi decisiva. Dedicou-me horas de seu tempo, cedeu-me fotografias e passou-me nomes, endereços e telefones de muita gente que só ele sabia.

Certo dia, em 1988, fui ao seu apartamento, em Ipanema, para pegar algum recorte ou foto. Na sala de jantar, Menescal comandava uma enorme mesa de sucos, leite, chá, chocolate, bolos e biscoitos, preparados por Yara, sua mulher. Estavam cercados de filhos, sobrinhos e amigos dos filhos. Não era aniversário de ninguém, apenas um fim de tarde normal de domingo na casa de uma família feliz.

Eu vivia então entre casamentos, na esbórnia, e não tinha de que me queixar. De repente, bateu-me uma nostalgia da caretice, algo talvez associado à infância. Perguntei-me se, quem sabe, a felicidade não consistiria em chá e biscoitos em família num fim de tarde de domingo.

Mas durou só um momento. Peguei o material com Menescal e saí correndo, de volta à dissipação, antes que fosse tarde demais.

1.181 anos de janela

Há alguns sábados, num restaurante da Lapa, quatorze velhos jornalistas ofereceram um almoço a Carlos Heitor Cony pelos seus 90 anos. Em comum entre nós, além da admiração por Cony, o fato de que, um dia, todos pertencemos ao *Correio da Manhã*, o jornal em que, com sua coluna "Da arte de falar mal", em 1964, ele deflagrou a resistência contra a ditadura. Nem todos trabalhamos com Cony nesse tempo. Não importava. Ter sido do *Correio da Manhã* nos tornava irmãos, e irmãos de Cony.

Os jornalistas, por ordem decrescente de idade – Cony, o mais velho –, eram Idalicio de Oliveira, Maurílio Ferreira, Nilo Dante, Fuad Atala, Erno Schneider, Sebastião Marinho, Aziz Ahmed, Argemiro Ferreira, Pery Cotta, Bertholdo de Castro, Luiz Carlos de Souza, Amicucci Gallo, Nacif Elias e eu. Nossas idades somadas – Bia Cony e Heloisa Seixas, também presentes, fizeram as contas – resultaram em 1.181 anos. Doze séculos. Mais um pouco, e Dante Alighieri podia estar ali conosco.

Uns pelos outros, aqueles homens viram o fim do Estado Novo, o suicídio de Getúlio, o governo JK, a renúncia de Jânio, o golpe militar, o AI-5, a luta armada, a lenta abertura democrática, a morte de Tancredo, o impeachment de Collor, o lulopetismo e, agora, muitos já aposentados, acompanham outro momento grave na história do Brasil. Os jornais de hoje se beneficiariam da vivência de crises dessa turma.

O restaurante era o Brasil, com seus 109 anos. A 200 metros dali, na avenida Gomes Freire, estava o próprio *Correio da Manhã*. Não o jornal, claro, silenciado de vez aos 73 anos, em 1974. Mas seu prédio art déco, com as iniciais "CM" ainda na porta de ferro e o nome completo no alto da fachada – lindamente restaurado, mas agora servindo a outros fins.

Graças a Cony, parecia que, ao fim do almoço, iríamos todos sair dali, voltar a pé para o jornal, subir correndo à redação pelas escadas e ter de novo 20 anos.

Livros lidos e amados

Foi em 1964. Vinicius de Moraes estava à espera do jornalista e compositor Antonio Maria num chalezinho em Visconde de Mauá, onde tinham combinado passar alguns dias. Os dois eram mais que amigos – irmãos. De repente, foram dar a Vinicius a notícia de que Antonio Maria morrera na véspera, de infarto. Vinicius sentiu o que chamou de "coice da morte" e se deixou ficar, arrasado, na varanda do chalé.

Naquele momento, um passarinho entrou pela varanda e começou a fazer evoluções à sua volta, tirando finos de sua cabeça. Era um passarinho gordo, como Maria. O poeta escreveu depois: "Tenho certeza que aquele passarinho gordo era você, meu Maria, fazendo palhaçada para me tirar da fossa."

Vinicius tinha prática nesses assuntos. Em 1955, morrera-lhe outro amigo querido, Jayme Ovalle, também poeta e compositor. Dias depois, Vinicius escreveu a Manuel Bandeira: "Ele [Ovalle] não tem me largado um instante. Agora mesmo que estou te escrevendo, está sentado na poltrona em frente, com o cigarro entre o minguinho e o seu-vizinho [gesto típico de Ovalle]" – e descreveu uma longa cena do amigo morto que o visitava. Ovalle morrera no Rio e Vinicius estava em Paris, detalhe insignificante no além.

Quando se perde um amigo, vêm o vazio e a sensação de que, por mais que se falassem, os dois não disseram tudo. Há pouco, na morte de Carlos Heitor Cony, lamentei nunca lhe ter dito que mudara de opinião sobre um escritor que ele admirava e eu, de graça, sem nunca tê-lo lido, sempre desprezara: Humberto de Campos (1886-1934). Ao finalmente lê-lo, em 2017, passei a gostar de Humberto de Campos e enxerguei muito dele na coragem e na franqueza de Cony.

Pois bem. Há dias, recebi em casa uma caixa. Era de Beatriz, viúva de Cony. E, antes mesmo de abri-la, já adivinhava o conteúdo: os livros de Humberto de Campos que haviam pertencido a Cony e que ele tanto lera e amara.

meus monstros

Primeiros 100 anos

Quando eles despontavam no fundo da redação, os mais velhos do *Correio da Manhã* esnobavam: "Xi, lá vem o Ismael Silva!" Ou: "Ah, não. Olha o Nelson Cavaquinho de novo!" Diziam isso não por desamor a essas duas glórias do samba, mas porque era quase sempre no pior horário, entre cinco e sete da tarde, que Ismael e Nelson, vizinhos do jornal na Lapa, cismavam de visitar algum repórter ou redator.

Eram tempos sem crachá, sem catraca eletrônica e sem recepcionista perguntando com quem quer falar. Ao passar pelo jornal, era só entrar e subir. Donde a redação vivia cheia de gente que não se sabia direito o que estava fazendo nela. Se era assim com anônimos, imagine se o encarregado da portaria do *Correio* barraria Nelson Cavaquinho ou Ismael Silva.

Os mais velhos estavam mesmo ocupados ou talvez já não tivessem o que conversar com eles. Mas os repórteres mais novos, entre os quais eu, apressavam suas tarefas para se juntar a Ismael ou Nelson, descer com eles ao botequim do hotel Marialva, defronte ao jornal, e, literalmente, beber suas palavras.

Eram dois monstros, mas, em 1967, ano desta história, viviam momentos diferentes. Ismael, 62 anos, tinha um quê de amargo – longe o tempo em que, com "Se você jurar", "Novo amor" e tantas mais, ajudara a revolucionar o samba. Nelson, ao contrário, depois de longo ostracismo, fora "descoberto" por Nara Leão e finalmente via sua estrela subir, aos 56. Todos o admirávamos por "Luz negra", "A flor e o espinho", "Degraus da vida". Era emocionante ouvir aquela voz, regada a cerveja e feita para cantar lamentos, falando banalidades num botequim.

Sempre que vejo uma foto de Nelson – cujos primeiros 100 anos de imortalidade estamos comemorando –, ele está abraçado ao violão. Era assim também que o via no Marialva: sem cantar, mas com o violão estreitado ao peito, senhor de seu mundo, a salvo da vida.

Ela nos tornou mais brasileiros

Em 2004, em Marco de Canavezes, no norte de Portugal, uma jovem se queixava comigo a respeito da mais ilustre filha da região, Carmen Miranda. "Foi para o Brasil e nunca mais cá voltou", disse a cachopa, com uma ponta de ressentimento

Tentei contemporizar dizendo que, na verdade, Carmen nunca saíra de Portugal – que, ao se mudar para o Brasil, com 10 meses de idade, em 1909, viera para a segunda maior cidade de população portuguesa no mundo, só perdendo para Lisboa. E, de fato, naquela época, havia no Rio mais portugueses natos do que no Porto. Mas ela não ficou muito convencida.

Os portugueses, por mais que gostassem de Carmen, sempre a viram como brasileira. Os brasileiros também, exceto por meia dúzia de jornalistas rancorosos dos anos 1940 e 1950, como David Nasser inconformado por Carmen nunca lhe ter dado bola como compositor. Pena que esses jornalistas escrevessem em veículos influentes, como *O Cruzeiro*, e, no futuro, tivessem suas opiniões levadas a sério por pesquisadores que as tomaram como retratos da expressão popular.

A brasilidade de Carmen era tão acachapante que, para atacá-la, eles lhe jogavam no rosto o fato de ter nascido em Portugal – porque sabiam quanto isso a magoava. Uma agressão que os argentinos pouparam a Carlos Gardel (nascido na França), os americanos a Al Jolson (nascido na Rússia) e os franceses a Yves Montand (nascido na Itália).

Para mim, e daí se Carmen era portuguesa ou brasileira? O que importa é o fato de que ela nos tornou mais brasileiros. Ao ouvi-la no rádio e nos discos, cantando "Taí", "Camisa listada" ou "... E o mundo não se acabou" – com aquele molejo, picardia e malícia na voz –, os brasileiros dos anos 1930 podiam finalmente se reconhecer: "Sim, é assim que nós somos. Nós somos assim."

No terraço com Sarita

Sarita Montiel, cantora e atriz espanhola, morreu em Madri, aos 85 anos, segundo as agências. Sarita Montiel, 85 anos? Que mentira. Todos sabemos que ela nunca passou dos 31, 32 – quando sua beleza siderava as plateias em filmes como *A última canção*, *Carmen de Ronda* e, principalmente, *La violetera*. Você perguntará: quem "sabemos"?

Nós, os garotos que víamos Sarita no cinema, nas revistas ou nas capas dos LPs, e perdíamos o sono pensando em seus olhos verdes, cabelos castanhos, lábios carnudos – e em seu decote (os adolescentes não são muito espirituais em suas fixações). Por Sarita, e apenas por ela, ficávamos até o fim daqueles horríveis filmes espanhóis, gemendo de inveja dos galãs que a beijavam e torcendo para que, ao cantar, ela arfasse ao tentar certas notas e seu decote revelasse mais um pouco do que pareciam duas pequenas obras-primas.

O apogeu de Sarita foi entre 1958 e 1962. Os Estados Unidos a ignoravam, mas ela tinha a Europa, o México e a América do Sul aos seus pés. E, quando digo que Sarita nunca passou dos 31, 32 anos, é porque, a partir dali – começando talvez por *Meu último tango* ou *A Rainha do Chantecler* –, atrevemo-nos a trocá-la por paixões mais próximas e palpáveis. Quem sabe sentindo-se traída, foi saindo da tela aos poucos e, com isso, poupou-nos de vê-la envelhecer.

Mas, no auge do estrelato, em 1962, Sarita veio ao Rio, e Ivan Lamounier, presidente da distribuidora Condor Filmes, deu-lhe uma festa em sua cobertura no Leblon. Todo o pessoal do cinema foi convidado. A noite era de lua cheia; uma pequena orquestra fornecia a música, e o implacável galã nacional Anselmo Duarte tirou Sarita para dançar num cantinho escuro do terraço. Terá nascido ali um romance?

Bem, se o romance aconteceu, não sei. Só sei que, ao sair à noite nesse mesmo terraço, onde hoje moro, posso ver Sarita e Anselmo dançando ao luar e me surpreendo gemendo de inveja dele.

Pobre Garrincha

Os ossos de Garrincha desapareceram no cemitério de Raiz da Serra, distrito de Magé (RJ). Parece que, há tempos, alguém precisou de seu túmulo para enterrar uma parenta e o removeram para lugar não sabido. Não está claro se isso aconteceu com conhecimento ou autorização de suas filhas – é difícil extrair delas um pensamento coerente.

Mas um fato como este traz de volta o velho mito nacional de que Garrincha morreu abandonado. Nossa vocação para o coitadismo precisa de um modelo, e Garrincha se presta bem a ele. A verdade, no entanto, é outra: Garrincha não morreu abandonado. E foi ajudado por muita gente – exceto por si mesmo.

Ninguém o ajudou mais que Elza Soares. Desde 1962, quando se conheceram, ela tentou organizar seus contratos e finanças, lutou para que não bebesse, escondeu seus porres e levou-o para clubes, cidades e países onde ainda acreditassem nele. Elza criou para Garrincha o "jogo da gratidão" no Maracanã, em dezembro de 1973, em que 131.555 pessoas pagaram ingresso, e a renda se destinou a casas para as filhas dele. Elza deu a Garrincha até um filho homem. Mas, ao fim de 15 anos, em 1977, separou-se – ou também seria destruída.

Garrincha foi ajudado por um empresário, um banqueiro, um juiz, o Itamaraty, o IBC (Instituto Brasileiro do Café), a LBA (Legião Brasileira de Assistência), a AGAP (Associação de Garantia ao Atleta Profissional) e até pela CBF, presidida por Giulite Coutinho. Médicos e psicólogos dedicaram-lhe tempo integral, sem cobrar; Garrincha foi assistido pelos grupos de Alcoólicos Anônimos do Catete e de Bangu e por jornalistas e ex-jogadores seus amigos; e, em seus últimos três anos, foi internado pelo menos 18 vezes em clínicas psiquiátricas.

Todos queriam salvá-lo, mas de nada adiantou. Garrincha foi vítima da brutal ignorância brasileira sobre o alcoolismo.

O primeiro Jobim

Para a história: qual foi a primeira vez que o nome de Antonio Carlos Jobim apareceu em jornal ou revista? Pode não ser uma pergunta de que dependa o futuro da música popular, nem da bossa nova, nem da biografia de Tom. Por que, então, fazê-la? Porque aos biógrafos compete fazer perguntas e descobrir as respostas. As análises e interpretações ficam com os entendidos. Donde qual foi a primeira vez que o nome de Antonio Carlos Jobim, nascido em 1927, apareceu na imprensa?

Teria sido em 1958, quando João Gilberto gravou, de Tom e Vinicius, "Chega de saudade", e dividiu o átomo? Ou em 1956, quando o musical *Orfeu da Conceição*, também de Tom e Vinicius, estreou no Municipal? Ou em 1954, quando Tom e Billy Blanco se revelaram com a *Sinfonia do Rio de Janeiro* e o samba "Teresa da praia"? Claro que não. Bem provável que, antes disso, o nome de Tom já tivesse saído em algum tijolinho de jornal como pianista de uma das boates em que ele deu duro na noite carioca a partir de 1950.

Mas houve uma instância ainda anterior. Foi na revista *O Malho*, de 31 de maio de 1934. Um poeta chamado Jorge Jobim publicou um poema, "Vem cá, siriri", que, em seus versos finais, dizia:

"'Vem cá, siriri,/ As moças te chamam, tu não queres vir...'// Ah! Que é feito das meninas/ Que essa cantiga cantavam?/ Estarão vivas ou mortas?/ Desgraçadas ou felizes?// Coitadas! Vivas embora/ Como eu, as pobres meninas/ Já estarão quase mortas/ Porque hão de estar quase velhas!// E não de seus lábios frescos/ Mas do meu coração gasto/ Sai, longínqua e dolorida/ Essa cantiga de outrora:// 'Vem cá, siriri,/ As moças te chamam, tu não queres vir...'"

Versos penumbrosos e pessimistas, mas que o poeta Jorge Jobim (1889-1935), num assomo de amor, dedicou a seu filho de 7 anos: "Para o meu Antonio Carlos".

Maestro piador

O compositor, letrista, cantor, maestro, arranjador, pianista e piador Antonio Carlos Jobim, morto em 1994, faria aniversário hoje. Um recorte enviado por meu amigo João Antonio Buhrer, de Campinas, me alertou para essa qualidade quase despercebida no rol de gostos e aptidões de Tom: o domínio da arte de piar, usando complexos pios artesanais para conversar com seus irmãos de asas. Cada pássaro, um pio – uma língua – diferente.

Em 1989, andando com Tom pelo Central Park, em Nova York, ouvi-o identificar vários pássaros pela música que faziam. Era íntimo também dos passarinhos americanos e não tinha a menor dificuldade para identificá-los em português. "*Robin*" era pintarroxo, "*nightingale*", rouxinol, "*horned grebe*", mergulhão. Mais difícil era saber como se chamavam certos pássaros brasileiros em inglês – como traduzir, por exemplo, as várias famílias dos nossos urubus?

Em jovem, nas suas incursões pelo mato, Tom já piava inhambus, mas para matá-los. "O inhambu vinha todo apaixonado e eu o matava à traição", confessou. Era uma prática comum aos homens de sua geração. Mas, mais cedo do que muitos, ele enxergou a desumanidade daquilo. Continuou a piar vários pássaros, mas para firmar com eles um diálogo de amor. Nunca mais matou.

A faixa "O boto", em seu álbum *Urubu*, é uma sinfonia de pios. Estão integrados com tal naturalidade à orquestração que podem nem ser "escutados" pelos menos atentos. Mas estão lá no disco, e executados pelo próprio Tom – quem mais? Eram os pios de ipê ou bambu, torneados por seus fornecedores: os velhos artesãos piadores da Fábrica de Pios de Aves, de Cachoeiro de Itapemirim (ES), da qual certamente ouviu falar por Rubem Braga.

Posso garantir que, não importa o que Tom piasse, os tico-ticos, jerebas e patos pretos o entendiam.

Paisagem com figuras

Em meados dos anos 1960, o poeta João Cabral de Melo Neto jantava na cantina Fiorentina, no Leme, com seus colegas Fernando Pessoa Ferreira e Felix de Athayde, pernambucanos como ele. Em certo momento, ouviu-se um rumor na varanda e João Cabral perguntou o que estava acontecendo. "É o Chacrinha, que acabou de chegar", informou Fernando.

"Chacrinha? Quem é Chacrinha?", quis saber João Cabral. "É um apresentador de tevê, muito famoso", disseram. Cônsul do Brasil em Barcelona, com raras vindas ao Rio e famoso por não se interessar por música e tomar dez aspirinas por dia para a dor de cabeça, o poeta estava por fora do que acontecia por aqui.

E, mesmo que estivesse a par, não podia haver ninguém menos Chacrinha do que João Cabral. Na sua poesia grave e desidratada, altamente cerebral, as palavras eram de pedra; os cães, sem plumas; e as facas, só lâminas. Já Chacrinha, o divino palhaço, era o barroco em Technicolor, embora a tevê ainda fosse em preto e branco. Em seu programa, apresentava os piores cantores do Brasil, atirava bacalhau para a plateia e promovia concursos de comer barata. Os comunicólogos ainda não o tinham descoberto como símbolo do "mau gosto genial".

Chacrinha entrou ventando pela Fiorentina, cercado de dez ou quinze aspones. Ao passar pela mesa de João Cabral, estacou e olhou-o fixamente. Então, abriu os braços e exclamou: "Cabral!!!" O poeta levou um susto, mas não deixou a bola cair: "Abelardo!!!", respondeu. Levantou-se no ato e os dois se jogaram nos braços um do outro, aos soluços.

O poeta João Cabral de Melo Neto e o apresentador Abelardo "Chacrinha" Barbosa, colegas de curso primário no Colégio Marista, do Recife, e que não se viam havia mais de trinta anos, tinham acabado de se reencontrar, reconhecer e abraçar. É o Brasil.

O homem que quase foi Kubrick

O MIS de São Paulo vai promover uma grande mostra em homenagem ao diretor Stanley Kubrick. Exibirá os 12 filmes oficiais de Kubrick e mais de quinhentos objetos usados neles ou com que o diretor trabalhou em 48 anos de cinema. Imagine agora se, em vez de "Stanley Kubrick", a mostra se chamasse "Alexander Singer".

Quem? Alexander Singer. Foi um grande amigo de Kubrick. Os dois nasceram no Bronx, em Nova York, a poucos metros um do outro, em 1928 (Alexander, em abril; Stanley, em julho). Foram colegas no Ginásio Taft, cujas aulas matavam para jogar xadrez, discutir fotografia ou ir ao cinema para ver três sessões seguidas do mesmo filme.

Eles eram ambiciosos e queriam passar à história do cinema como diretores. Quanto a isso, não havia dúvida: seriam diretores. Ficou até decidido que, quando Alexander fizesse seu primeiro filme, Stanley seria o diretor de fotografia. Isso foi em 1945. Mas Stanley tinha pressa. Tornou-se fotógrafo da revista *Look* e levou três anos fazendo grandes fotorreportagens. Até que se sentiu pronto para um filme.

Estreou com um curta, *Day of the fight* (1951), sobre boxe, em que Alexander aceitou trabalhar como assistente de direção. E a roda nunca mais girou ao contrário. Com *O grande golpe* (1956), *Glória feita de sangue* (1958) e *Spartacus* (1960), Stanley logo se tornou o maior nome de sua geração. Já Alexander só foi estrear na direção em 1961, com o modesto, mas fascinante, *Rajadas de paixão* (*A cold wind in August*), de que, hoje, acho que só eu e o Sérgio Augusto nos lembramos – ou seria por sua estrela Lola Albright?

Resignado, Alexander converteu-se à TV e passou a vida dirigindo seriados como *Jornada nas estrelas*, *O fugitivo* ou *Missão impossível*. Muito bons, mas como passar à história com isso? Daí que as biografias de Stanley lotam prateleiras e a de Alexander resume-se a algumas linhas. E, também por isso, a mostra do MIS se chamará "Stanley Kubrick", não "Alexander Singer". Quando Stanley morreu, em 1999, Alexander estava ao pé do caixão, arrasado. Foi, até o fim, amigo fiel e coadjuvante.

Os cristais de Johnny

Em 1999, o pesquisador musical Sergio Ximenes foi visitar Johnny Alf. Em certos países, o autor de "Rapaz de bem" e de tantas canções que lançaram as bases da bossa nova seria um homem rico. Mas Johnny não era. Aos 70 anos, sem renda e sem trabalho, morava numa pequena casa na Mooca, em São Paulo, com uma varandinha, uma saleta, um quarto e um arremedo de quintal.

Na saleta, ficavam um piano de armário (quebrado, sem uso), uma mesa e uma antiga cristaleira – esta, sem um copo, taça ou garrafa nas prateleiras de vidro, mas abarrotada de papéis. Ximenes viu que eram partituras. Perguntou se podia examiná-las e Johnny disse claro. Ximenes abriu o móvel e tirou os primeiros maços lá de dentro.

Eram as partes originais para piano de "Escuta", "O que é amar" e "Ilusão à toa", três sambas-canção com que Alf iluminou a noite carioca nos anos 1950; a do baião "Céu e mar"; as de "Seu Chopin, desculpe" e "Fim de semana em Eldorado", além da de "Rapaz de bem", que sacudiram a bossa nova; e de obras-primas românticas como "Nós" e "Eu e a brisa". Algumas dessas partituras estavam amareladas; outras, queimadas de cigarros e com marcas de copos.

Todas tinham sua história. Falavam das pessoas que, bebendo, fumando e amando ao redor do piano de Johnny nas boates do Rio ou de São Paulo, um dia as ouviram pela primeira vez e nunca mais foram as mesmas. Encantado, Ximenes devolveu o material à cristaleira.

Um ano depois, em nova visita, viu o móvel vazio e perguntou pelas partituras. "Ah, estavam me tomando muito espaço", disse Alf. "Dei tudo para o homem do carrinho de mão." Ximenes queria morrer – como Johnny podia ter se desfeito daquele tesouro? Alf sorriu. Para ele, na sua modéstia, aqueles papéis não significavam nada. A música estava em sua cabeça, em seus dedos.

Sábado em Copacabana

Em 1947, quando Dorival Caymmi começou a compor seus incomparáveis sambas-canção – "Marina", "Não tem solução", "Nem eu", "Saudade", "Adeus", "Nunca mais", "Só louco", "Você não sabe amar", "Sábado em Copacabana" – os puristas rosnaram sua decepção. Acusaram-no de estar se vendendo para o universo fútil e bobo das boates grã-finas – e logo ele, o baiano legítimo, grande folclorista, cantor e cultor das nossas mais profundas tradições.

Para os íntimos, Caymmi se justificava dizendo que não era folclorista e que apenas precisava trabalhar. Com o fechamento dos cassinos em 1946, já não havia espaço para as superproduções em que o palco podia comportar uma jangada, uma praia ou uma rua inteira da Bahia. A realidade agora era a das boates, minúsculas e intimistas, em que, às vezes, o show se limitava a ele e seu violão – como se ele precisasse de mais do que isso.

A música teria de seguir o novo formato. No lugar das epopeias de pescadores em noites de temporal, era a vez dos amores loucos e sem solução, aqueles que não podiam acontecer. As marinas épicas, com tintas de tragédia, transformavam-se numa morena chamada Marina que se pintava além da conta. As tormentas passavam a ser as do coração, mas nem por isso menos brutais.

Não quer dizer que Caymmi tenha abandonado a temática baiana. Sempre que cantou o mar, era o da Bahia. Um mar também idealizado porque, segundo sua biógrafa e neta Stella, minha querida ex-aluna, ele não sabia nadar e nunca pescou. O que só exacerba a beleza de suas canções praieiras. O artista não precisa ter a ver com sua arte.

O Caymmi em terra firme derrotou o preconceito dos puristas e se impôs por sua maior complexidade musical e poética. Dos 94 anos que viveu, 70 foram no Rio. E há um quê de fatalidade e lirismo no fato de ele ter morrido num sábado em Copacabana.

Cantando para Billy

Billy Blanco, 86 anos, sambista brasileiro, autor de "Estatuto de gafieira", "Viva meu samba", "Pistom de gafieira", "Pano legal", "Aeromoça" e, em São Paulo, tão conhecido pelo "Vam'bora, vam'bora/ Tá na hora/ Vam'bora, vam'bora" de sua sinfonia *Paulistana*, está internado há três meses num hospital carioca por causa de um AVC. Desde então, Billy não se mexe nem fala. Sabe-se que está consciente porque às vezes abre os olhos e chora em silêncio.

Mas chora de emoção. Seus parentes e amigos que o visitam não querem se arriscar a que, por trás dos olhos fechados e do semblante tranquilo, Billy os esteja ouvindo e entendendo tudo. Por isso, em vez de se lamentarem em voz alta pela sorte do amigo, preferem cantar para ele. E, vindo de Billy, há muito que cantar.

Doris Monteiro canta "Mocinho bonito" e "A Banca do distinto", que Billy lhe deu nos anos 1950. Leila Pinheiro, "Domingo azul". Pery Ribeiro, "Esperança perdida". Bilinho, filho de Billy e também cantor, põe para tocar o CD com a *Sinfonia do Rio de Janeiro*, parceria de Billy com Tom Jobim. Um dos netos de Billy, Pedro Sol, faz o mesmo com outra parceria Blanco--Jobim, a safadinha "Teresa da praia". De repente, cantam em coro "Samba triste" e "Se gente grande soubesse", das mais bonitas de Billy. Que obra!

O hospital fica na rua Moura Brito, na Tijuca, nos mesmos quarteirão e calçada onde, há sessenta anos, num porão, funcionava o lendário Sinatra-Farney Fan Club. Dele saíram grandes nomes da futura bossa nova, como Johnny Alf, João Donato e Paulo Moura. Billy também o frequentava, embora não apenas pela música: estava de olho em Ruth, uma bela associada, com quem se casou – até hoje.

Muitos ali já dividiram o palco com Billy Blanco. Mas nunca esse palco pareceu tão grande, intransponível e absurdamente vazio como aquele quarto de hospital.

Humor de Billy

Quando Dick Farney e Lucio Alves gravaram "Teresa da praia", de Billy Blanco e Tom Jobim, em 1954, a letra encantava de saída: [Lucio] "Ó Dick, arranjei novo amor no Leblon/ Que corpo bonito, que pele morena/ Que amor de pequena/ Amar é tão bom..."/ [Dick] "Ó Lucio, ela tem o nariz levantado?/ Os olhos verdinhos, bastante puxados?/ Cabelo castanho e uma pinta do lado?".

Segue o samba e os rapazes descobrem que a moça que conheceram no Leblon e pela qual se apaixonaram ("É a minha Teresa da praia!") deu, digamos, amor a ambos, um de cada vez: [Dick] "*O verão passou todo comigo!*"/ [Lucio] "É, mas no inverno se esquentou com quem?" E resolvem "*a Teresa na praia deixar/ aos beijos do sol/ e abraços do mar*", porque Teresa "é da praia, não é de ninguém".

Teresa podia ser da praia, e nisso não haveria problema – menos da praia do Leblon. Em 1954, o Leblon era um bairro solidamente residencial, mas quem não fosse seu morador não tinha por que visitá-lo, exceto para fins imorais. No fim da praia, ficava o Hotel Leblon, o primeiro "motel" do Brasil, e, à noite, a areia deserta e sem luz era um convite a nheco-

-nhecos à milanesa, principalmente entre jovens. Donde "ser visto" no Leblon costumava implicar alguma bandalheira.

Billy Blanco acaba de morrer. "Teresa da praia" foi o começo de sua breve, mas fecunda, parceria com Jobim, que renderia ainda a bela "Esperança perdida" ("Eu pra você fui mais um...") e os dez sambas da *Sinfonia do Rio de Janeiro*. E, já sem Tom, a (até hoje inédita) paródia que Billy se viu obrigado a fazer de "Teresa da praia", ao constatar que a garota, com os novos tempos, havia mudado: "*Ela usa o nariz só de um lado/ Tem o olho vermelho/ Bastante injetado/ Cabelo na venta/ E sapato 40/ Essa é a tua Teresa da praia/ No Leblon, não engana ninguém/ O meu caso é um rabo de saia/ Vai com calma, que é o dela também*".

Vitória final

Nelson Rodrigues (1912-1980) ganhou uma estátua na rua Barata Ribeiro, em Copacabana, em frente à rua Inhangá. Aos que o associam apenas à Aldeia Campista, perto da Tijuca, onde construiu grande parte de sua obra, ou ao Leme, onde passou seus últimos dez anos, o cenário de Inhangá, nos fundos do Copacabana Palace, pode parecer estranho. Mas Nelson morou ali, "por volta de 1923, 24", escreveu. Teria, portanto, 11, 12 anos. Era vizinho do garoto Lúcio Cardoso, futuro romancista.

Nelson tem agora um metro quadrado do Rio só para ele. É pouco para quem levou quarenta anos povoando a cidade. E fez isso não apenas com os tipos que criou – Palhares, o canalha, o Sobrenatural de Almeida, a grã-fina das narinas de cadáver, o profeta do óbvio, o idiota da objetividade muitos mais –, mas com a multidão que habitou seus romances, peças, contos, crônicas e provocações. Essa multidão éramos nós. Não há um leitor de Nelson que não tenha se sentido representado em muito do que ele escreveu.

E o que dizer do Rio que Nelson ocupou com sua ficção? Seus personagens moravam na Zona Norte, trabalhavam no Centro e prevaricavam na Zona Sul.

Nelson os fazia andar de bonde, lotação ou táxi, e cada rua ou bairro também era tratado como um personagem. O apogeu dessa ocupação está no folhetim *Asfalto selvagem* (1959-1960), que se passa em Vaz Lobo, na praça Saens Peña, na avenida Rio Branco, no Largo do Machado, em São Conrado e numa Barra ainda deserta e selvagem.

Pensando melhor, esse metro quadrado não é pouco. Simboliza a vitória final de Nelson sobre os censores, de direita e de esquerda, que pensaram tê-lo condenado ao silêncio e à execração.

Mas Nelson tinha total consciência de seu valor. Posso quase vê-lo, em vida, alto e de perfil, já posando para seu futuro bronze.

Um sonho de Vinicius

Parece incrível, mas Vinicius de Moraes teria feito 99 anos outro dia. Como se não bastasse, a data foi o ponto de partida para o seu centenário – que, para todos os efeitos, já começou. Uma vasta programação, incluindo reedições de sua obra e antologias de textos nunca publicados em livro, uma caixa de seus discos (dispersos por vários selos), uma exposição itinerante, shows, palestras, etc., ocupará os próximos 12 meses. E isso é só o Vinicius oficial.

Ótimo. Efemérides como essa devem zarpar de um projeto institucional e, daí, abrir-se a adesões – sempre que possível, sem ônus. Foi o que determinou o sucesso do centenário de Nelson Rodrigues, ainda em curso, e, há tempos, o fracasso do centenário de outros artistas – pela ganância dos herdeiros.

Quando se dizia que Vinicius era um ser plural, não estavam brincando. Poeta, diplomata, compositor, letrista, cantor, cronista e homem de teatro, cinema, uísque e mulher, ele pode ser abordado de muitos ângulos. Um ano será pouco para homenageá-lo, daí terem começado tão cedo.

Repórter da *Manchete*, fui entrevistá-lo em princípios de 1968, em sua casa na Gávea. Quando cheguei,

Vinicius estava no banho, "mas já vinha", foi o que me disseram. OK. Só que quem apareceu primeiro foram duas jovens repórteres, rindo muito. Em seguida, surgiu Vinicius, cheirando a sabonete e talco, recém--saído da banheira onde, pelado, recebia todo mundo. Não sei quanto às garotas, mas, a mim, recebeu-me à paisana, vestidinho.

Devo ter em casa toda a poesia e música de Vinicius. Mas o que me orgulho mesmo de possuir são os dois números da incrível revista *Filme*, que ele editou com Alex Viany em 1949 e que encontrei num sebo. Fazer uma revista de cinema, de nível internacional, era um sonho antigo, a que ele se atirou com amor. E conseguiu. Pena ter ficado nesses dois números – com Chaplin na capa do nº 1 e Fred Astaire na do nº 2.

Mil vozes

Ele tinha mil vozes na cabeça. Locutores de rádio famosos, narradores de futebol, de turfe e de cinejornais, cantores de qualquer nacionalidade, astros de Hollywood e dos cinemas francês e italiano – não havia ninguém que José Vasconcellos não conseguisse imitar. Seu ídolo era o americano Danny Kaye, que fazia aquilo tudo e ainda mais. Mas, sem patriotada, José Vasconcellos fazia tudo que Danny Kaye fizesse e mais ainda – e provava isso ao imitar o próprio Danny, inclusive na sua especialidade: cantar em altíssima velocidade.

José Vasconcellos era capaz de reproduzir qualquer sotaque regional brasileiro, sete ou oito acentos estrangeiros e fazer a voz de pessoas de qualquer idade ou nível social. Era também craque em gagos – seu monólogo do narrador gago de futebol era uma pequena obra-prima.

E não havia som emitido pelo corpo, por mais heterodoxo, que ele não reproduzisse. O mesmo quanto a vozes de animais, ruídos de máquinas e toda espécie de sonoplastia urbana ou rural. Guardava de cor monólogos enormes, em linguagem normal, inventada ou em falas nonsense. Além de poemas, como uma longa seção de "Os Lusíadas", que ele parodiava em várias línguas.

José Vasconcellos escrevia os próprios textos e era engraçado sem usar palavrões ou grosserias. Ao contrário, abusava de referências sofisticadas. Sua plateia tinha de ficar esperta para acompanhá-lo e, mesmo assim, ele lotava teatros de terça a domingo, no Rio e em São Paulo, nos anos 1950 e 1960. Foi o primeiro cômico stand-up do Brasil, inspirador direto de Chico Anysio e Jô Soares. Seu show intitulava-se *Eu sou o espetáculo* – e era, não precisava de mais ninguém.

Acaba de morrer, aos 85 anos. Pelo que li num obituário, nos últimos anos sofria da doença de Alzheimer. É cruel. Como se sentiria vendo fugir todos os esquetes, monólogos, vozes e sons que sua cabeça privilegiada abrigava?

O túmulo beijado

De 1895 a 1900, quando morreu, o irlandês Oscar Wilde passou por toda espécie de tormentos que um ser humano poderia suportar. Meteu-se num imprudente processo por homossexualismo, ao ter um caso público com o filho de um nobre inglês peso-pesado, e perdeu o caso. Na Inglaterra vitoriana, era crime ser gay. O tribunal condenou-o a dois anos de trabalhos forçados na penitenciária de Reading, onde ele foi cuspido e teve a cabeça raspada.

A ideia de ver um gigante como Wilde (1,90 m) humilhado e submetido a violências e privações por guardas boçais parece quase inacreditável. Mas aconteceu e, mesmo assim, ele conseguiu até escrever na prisão: o poema "Balada do cárcere de Reading" e a memória *De profundis*, em forma de longa carta para Bosie, o jovem amante responsável por sua desgraça.

Libertado em 1897, falido e em desgraça em Londres, Wilde partiu para o degredo em Paris. Lá, esmolou agressivamente nas ruas. Viu manchas vermelhas aparecerem em seus braços, peito e costas, seguidas por erupções em todo o corpo. Teve um abscesso purulento no ouvido (tratado com morfina e ópio) e meningite. A 30 de novembro de 1900, seu corpo literalmente explodiu – liquefez-se. Ele tinha 46 anos.

Wilde foi enterrado no cemitério Père-Lachaise e, como sua reabilitação literária foi imediata, seu túmulo sempre atraiu romeiros. Mas, de alguns anos para cá, eles não se limitam a contemplá-lo. Beijam-no e escrevem mensagens de admiração e amor, a lápis e batom. A cada limpeza, a pedra se desgasta. Na semana passada, para conter o processo, o túmulo ganhou uma redoma de vidro.

De cuspido por alguns a beijado por milhares – o que Wilde diria disso? Na verdade, sem saber, ele já disse: "A única diferença entre um santo e um pecador é que o santo tem um passado – e o pecador, um futuro."

ausências súbitas

A antiga namorada

O cantor Jorge Goulart, que acaba de morrer, aos 86 anos, foi, em todos os sentidos, uma grande voz da música brasileira: cheia, robusta, sonora. Um tenor para grandes distâncias, como mostrava ao cantar "A voz do morro" ("*Eu sou o samba/ A voz do morro sou eu mesmo, sim senhor...*", de Zé Kéti), mas que podia reduzir-se a uma suave brisa, quando uma canção como "Laura" o exigia ("*Laura, um sorriso de criança/ Laura, nos cabelos uma flor...*", de Braguinha e Alcyr Pires Vermelho).

Jorge era forte também no Carnaval. Lançou desde "Balzaquiana" ("*Papai Balzac já dizia/ Paris inteira repetia/ Balzac tirou na pinta/ Mulher, só depois dos 30*", de Wilson Batista e Nássara), em 1949, até "Cabeleira do Zezé" e "Joga a chave, meu amor", ambas de João Roberto Kelly com parceiros, em 1965. No chamado tríduo, ia para a avenida puxar o samba do Império Serrano. Já sua mulher, Nora Ney, era a cantora da noite por excelência, quase uma *diseuse*, dona de "Ninguém me ama", "Bar da noite", "De cigarro em cigarro" e de fino repertório.

Filiado ao velho Partido Comunista, Jorge foi demitido da Rádio Nacional em 1964. Mas o pior foi nos anos 1990: um câncer destruiu suas cordas vocais, obrigando-o a falar com voz de lata por um aparelho ligado à laringe. Um golpe duríssimo para alguém com a sua exuberância vocal. Mesmo assim, não perdeu o humor. Só falei com ele uma vez. Mas bastou para que me contasse, às gargalhadas, sobre a moça que acabara de ver na rua, em Copacabana, e que lhe lembrara uma antiga namorada.

Cheio de dedos, ele a abordou: "Minha filha, desculpe a liberdade, mas você me recorda alguém que...". A garota o interrompeu: "Eu sei. O senhor é o Jorge Goulart. Suas fotos estão por toda parte lá em casa." Jorge se empolgou: "Exatamente! Imagino que a pessoa que eu namorei seja... a sua avó, não?" E a garota, sem vacilar: "Não. Bisavó!"

Duas mulheres

Há pouco, a imprensa noticiou a morte em Buenos Aires de uma mulher e tanto: Ernestina Herrera de Noble, 92 anos, diretora do jornal *Clarín* e de um conglomerado que inclui um canal de TV aberta, uma emissora de rádio e um provedor de TV a cabo e de internet, os mais importantes da Argentina. Entre 2007 e 2015, Ernestina sustentou oposição ao governo da presidente Cristina Kirchner, denunciando sua política econômica e sua corrupção. Em troca, Kirchner tentou destruir o *Clarín*. Não conseguiu.

Em seu obituário de Ernestina, *O Globo* a deu como "a primeira mulher a comandar um grande jornal no continente". Não é exato. Posso não saber de outras, mas, neste continente, houve uma que antecipou Ernestina em pelo menos seis anos: Niomar Moniz Sodré Bittencourt (1916-2003), diretora do brasileiro *Correio da Manhã*.

A trajetória das duas mulheres tem incríveis pontos de contato. Ambas eram casadas com donos de grandes jornais e, com a morte dos maridos, assumiram esses jornais – Niomar, em 1963, e Ernestina, em 1969. As duas tiveram de conduzi-los sob pesada ditadura militar. E aí cessam as semelhanças.

Ernestina, como relatou Sylvia Colombo na *Folha*, fez vista grossa à brutalidade do Estado argentino no período 1976-1983 e viu seus negócios prosperarem. Já Niomar pôs o *Correio da Manhã* na oposição aos ditadores Castelo Branco e Costa e Silva (1964-1969) e teve seu jornal asfixiado, bombardeado, invadido, ocupado e, finalmente, tornado inviável – ela própria foi presa na sequência do Ato Institucional nº 5. O grupo a quem repassou temporariamente o controle do jornal em 1969 acabou de arrasá-lo e ele fechou em 1974 – aos 73 anos de vida.

Que não se lembrem de Niomar, é apenas triste. Mas é a história do *Correio da Manhã* que está sendo apagada da memória nacional.

TV no CTI

No dia 24 de fevereiro, eu estava na CTI de um hospital, recém-saído de uma cirurgia, quando morreu o cantor Pery Ribeiro. Ele também estava internado havia dias, em outro hospital do Rio. Heloisa, minha mulher, ficou logo sabendo, mas escondeu de mim a notícia. Éramos amigos e ela quis me poupar. O cuidado de Heloisa, no entanto, foi inútil. Havia uma TV no CTI, bem à minha frente. Assim que abri os olhos, li a notícia, passando ao pé da tela de 40 polegadas: "Morreu Pery Ribeiro. Foi o primeiro a gravar 'Garota de Ipanema'. Tinha 74 anos".

É impossível, hoje, ficar alheio à informação. Não importa para onde você se vire, há uma TV ligada, grande ou pequena, com manchetes correndo no visor, pondo-nos a par do que não precisamos saber. Há televisões no avião, no táxi, na van e no metrô; no aeroporto, no elevador, no saguão do hotel e no quiosque de praia; na sala de espera do dentista, do analista, do oncologista e do proctologista; e tanto no bar do restaurante mais besta quando no botequim mais sórdido, com ovo colorido e mosca de estimação. E, como as teletelas do romance *1984*, de George Orwell, elas não podem ser desligadas.

Já vi TVs até em igrejas, museus e capelinhas de cemitério. Mas nada supera uma TV no CTI. Suponhamos que, cheio de agulhas e todo ligado a soros e transfusões, você seja abalroado pela notícia de que uma avalanche de neve soterrou duzentos turistas na Patagônia. Suponha agora que sua avó, por exemplo, estivesse esquiando ou disputando um campeonato de *curling* na Patagônia.

Não sei sobre você, mas, por mim, dispenso essa congestão de informação que nos impõem. Gostaria de recuperar o direito de só ficar sabendo de coisas que me digam respeito, mesmo que dolorosas.

No dia 26 de fevereiro, voltei para casa. Algumas horas depois, ligando o computador, abri a lista de mensagens. Havia uma, do dia 23, desejando minha breve recuperação. Era de Pery.

Mortos muito vivos

Texto delicioso da repórter Anna Virginia Balloussier, "A morte lhe cai bem", na *Folha*, conta como os jornais preparam de antemão os obituários de pessoas de certa idade, de saúde instável ou cujas profissões as ponham em perigo, para não serem surpreendidos quando uma delas apanha o chapéu. O *New York Times*, por exemplo, cuja seção de obituários vem desde 1851, é um cemitério de vivos. Mas até ele pode se apressar. Vide o caso do bilionário David Rockefeller, hoje com 101 anos. Seu obituário já foi escrito cinco vezes – e ele enterrou seus cinco obituaristas.

Certa vez, num artigo para uma revista de avião, precisei citar o imperador Hirohito, do Japão. Ele estava com 87 anos, muito doente, e esperava-se sua morte a qualquer momento. Como as revistas são feitas com meses de antecedência, convenci o editor de que podíamos dá-lo como morto. Isso foi em setembro de 1988. Os dias, semanas e meses se passaram, e Hirohito, nada de ir embora. Só morreu em janeiro de 1989 – na exata semana em que a revista chegou às aeronaves.

Pouco antes, em 1987, a *Folha* me pedira o obituário de Dercy Gonçalves, talvez imaginando que, aos

82 anos, ela estivesse pela bola sete. Eu sabia que, dali a dias, Dercy iria estrear uma temporada no Canecão, sinal de que devia estar em forma. Mas sabe-se lá? Escrevi o texto. Pois Dercy só iria morrer em 2008 – 21 anos depois.

Outro dia, caiu-me aos olhos um artigo meu, de 2000, para uma revista mensal, em que declarei que o ex-craque Maradona vivia a crônica de uma morte anunciada. De fato, tudo indicava que, arrogante, prepotente e entupido de cocaína, ele não duraria muito. Mas Maradona parou com tudo, recuperou-se e está até hoje por aí.

Eu, sim, é que, por outros motivos e sem avisar, quase fui embora várias vezes desde então.

Equívoco sideral

Venetia Phair, uma senhorinha de 90 anos, morreu outro dia em Surrey, Inglaterra. Aos 11 anos, em 1930, ao se confirmar a existência de um certo "planeta X" no ponto extremo do Sistema Solar, e ao saber que os cientistas buscavam um nome para ele, ela sugeriu Pluto – em português, Plutão.

Por uma feliz sequência de relações, a sugestão chegou aos ouvidos da Real Sociedade Astronômica, em Londres, que a repassou ao Observatório de Flagstaff, no Arizona, autor da descoberta, e foi aceita. Plutão, o deus romano do submundo, venceu Cronos, Minerva, Zeus, Atlas e Perséfone, que também estavam no páreo. E, com isso, uma simples menina inglesa batizou um corpo celeste.

Talvez por ser um planetinha mínimo, escuro e gelado, perdido nos subúrbios do universo e, ironicamente, portador de um nome tão grandioso, Plutão caiu na simpatia geral. Todas as crianças que, um dia, estudaram o céu na aula de geografia fantasiaram a seu respeito. Pois devemos isso à jovem Venetia (pronuncia-se Vinicha).

Muitos anos se passaram, e Venetia, já idosa, teve o desapontamento de saber, em 2005, que a União Astronômica Internacional rebaixara Plutão à segunda divisão. Deixara de ser um planeta. Tornara-se, com todo o respeito, um "planeta-anão" – um torrão de rocha e gelo vadiando no infinito. Para confortá-la, criaram a palavra "plutoide" para designar formações parecidas.

Mas Venetia sempre teve mais com que se aborrecer. No mesmo 1930 em que ela batizou Plutão, Walt Disney lançou um desenho animado sobre um cachorro – a princípio, sem nome. O bicho agradou tanto que, um ano depois, ganhou uma série de filmes só para ele e, não por coincidência, foi chamado de Pluto. E ficou tão famoso que a pobre Venetia teve de passar a vida explicando que o planeta não era uma homenagem ao cachorro, e sim o contrário.

Abraçado a este mundo

Um apartamento em Ipanema, deixado vago pela morte, há cinco anos, de seu ilustre proprietário, foi esvaziado pelos herdeiros e entrou em obras para ser alugado. Dali a pouco, os operários que foram trabalhar nele começaram a perceber coisas inexplicáveis. Um martelo colocado em um lugar reaparecia em outro. Os vasos davam descarga por conta própria. As lâmpadas piscavam seguindo um padrão. Os rapazes, apavorados, foram falar com o porteiro – nenhum deles queria ficar lá sozinho.

O porteiro subiu para conferir. Não viu nada de anormal. Mas ouviu – ou pensa ter ouvido – uma tosse, um suspiro, um pigarro, todos lembrando os ruídos produzidos pelo falecido. Ele próprio sentiu sopros gelados vindos das paredes. Mas tinha de tranquilizar o pessoal. Garantiu que não havia nada de mais, que eles estavam imaginando coisas. Os operários, a custo, continuaram a reforma – às vezes, um se demitia, de cabelo em pé. O próprio porteiro deixou de ir ao apartamento vazio à noite

A obra ficou pronta e o imóvel foi alugado. O inquilino, um estrangeiro racional e pragmático, sabia da importância do antigo titular. Foi morar lá, sem desconfiar de nada, e, por muito tempo, não teve de que se queixar. Mas, há pouco, as estranhezas recomeçaram. Torneiras abriam. Livros mudavam de lugar. Um quadro amanheceu de cabeça para baixo. E a trilha sonora retomou os pigarros, tosses e suspiros. O inquilino ficou aterrorizado. Já deve ter se mudado.

Fui amigo do velho morador por quase 50 anos e sei que ele nunca acreditou no outro mundo. Talvez por isso tenha se dedicado a entender e nos desvendar – categoricamente – o nosso.

É a única explicação. Ao acordar de um estranho sono e descobrir-se morto, não se conformou e se recusa a trocar este mundo por outro que, como ele sempre soube, não existe.

0,0001% de royalties

Morreu em Los Angeles um baterista chamado Earl Palmer. Tinha 84 anos e era considerado o inventor da batida do *rock and roll* na bateria. Quando se escutam as gravações originais de "Tutti frutti" ou "Good Golly, Miss Molly", com Little Richard, e "The fat man" e "I'm ready", com Fats Domino, todas dos anos 1950, a bateria é ele.

Palmer inventou a batida do *rock and roll*, veja bem, não o infame pancadão ou bate-estaca a que ela seria reduzida no futuro. Na verdade, apenas adaptou o "back beat" – em que, no compasso 4/4, o primeiro e o terceiro tempos são fortes, e o segundo e o quarto, fracos – àquela variação de *rhythm and blues* que se cozinhava em sua cidade, New Orleans.

Se foi uma adaptação ou uma criação original, não importa. O fato é que foi Palmer. Se os bateristas recebessem 0,0001% de royalties toda vez que um músico usasse um ritmo ou batida criado por eles, haveria menos bateras pobres no mundo. Palmer nunca recebeu esses royalties e passou a vida trabalhando. Por sorte, seus patrões eram Frank Sinatra, Ray Charles, Dizzy Gillespie, B. B. King.

Outro baterista, Kenny Clarke, inventou a batida do bebop. Em 1942, ele libertou as peças da bateria, tornando-as entidades independentes. Também não fez jus a royalties nem ficou rico, mas, pelo menos, passou seus últimos trinta anos de vida em Paris.

Ninguém mais injustiçado, no entanto, do que o nosso Milton Banana. Em 1957, ao lado de João Gilberto, ele criou nada menos que a batida da bossa nova na bateria. Morreu em 1999, aos 64 anos, pobre, com uma perna recém-amputada, e ainda teria sido pior se não fossem os amigos. Com Banana, se lhe pagassem 0,0000001% de royalties toda vez que alguém fez a batida da bossa nova, ele poderia ter vivido 100 anos sem nunca pensar em dinheiro.

Boas e más ideias

Morreu outro dia, nos EUA, um homem chamado Alan Haberman, 81 anos. Não era famoso, mas tremendamente poderoso e, por isso, sua morte saiu em vários jornais. Foi o responsável, em 1974, pela implantação do código de barras, aquele retangulinho zebrado que, passado por um leitor ótico, indica o preço de qualquer coisa, de um cacho de bananas no hortifrúti a um exemplar de *A fenomenologia da percepção*, de Maurice Merleau-Ponty, na livraria, e a uma caçamba de entulho na loja de material pesado.

Não apenas isso, mas concentra informação sobre qualquer produto em que venha impresso. É infalível como identificação – não existem dois códigos de barra iguais. Não sei como as crianças já não nascem com um desses impresso no bumbum.

Mas Haberman não foi seu inventor. Apenas convenceu os americanos de que não podiam viver sem ele, e os americanos fizeram o mesmo com o mundo. Não importa – passou à história como o responsável por um dispositivo que, em seu próprio tempo, atingiu bilhões de pessoas, talvez toda a humanidade. Nem Cristo nem os Beatles puderam se gabar disso.

O código de barras, ou seu rascunho, foi bolado em 1948 por dois jovens inventores da Filadélfia, Norman Woodland e Bernard Silver. Já era uma extensão dos pontos e traços do Morse em linhas finas e grossas, só que circulares. Chegaram até a patenteá-lo. Mas ninguém se interessou, nem mesmo a IBM, para quem Woodland trabalhava. Com isso, venderam a ideia para a Philco, que a vendeu para a RCA, que não fez nada com ela, até que a patente expirou em 1969.

Em 1973, outro inventor, George Laurer, da própria IBM, retomou a ideia e adaptou-a para um sistema de barras verticais. Mostrou-a a Haberman, que enxergou o potencial da coisa, e o resto é história. Moral: se você inventar um código de barras, não o venda para ninguém.

A pranteada senhora

Muitos acharão mórbido, mas conheço pessoas que começam sua leitura do jornal pelos anúncios funerários. Não por acaso, sou uma delas. Talvez seja uma maneira de me certificar de que, como meu nome não está num daqueles quadradinhos cercados por um grosso fio preto, posso mergulhar sem susto no resto do jornal. Isso não altera a sensação de que o mundo parece estar diminuindo – pela quantidade de nomes de amigos, conhecidos e até ex-namoradas que, a partir de certa época, passamos a encontrar nos quadradinhos.

O que, às vezes, pode nos levar também a equívocos. Há algumas semanas, caiu-me aos olhos, nos anúncios funerários do *Globo*, o quadradinho com o nome de Adquira Carneiro Perpétuo. Como já tive amigos com esses sobrenomes, imaginei que talvez pudesse ter conhecido dona Adquira. Mas um rápido exercício de memória não me disse nada. Logo o olho transferiu-se para outros quadradinhos e, com isso, esqueci o assunto.

Uma semana depois, reencontrei o nome de dona Adquira na página dos funerários. Com certeza, seus parentes estariam convidando para uma missa de sétimo dia. Não me detive no anúncio porque as missas são muitas e só me interesso pelas dos mais chegados.

Passou-se outra semana e lá estava, de novo, dona Adquira na página. Isso me intrigou. O que seria agora? Convite para a missa de 30º dia? Ou a gratidão de seus filhos e netos pelos exemplos que a pranteada senhora lhes dera em vida? Achei bonito – talvez eu próprio gostasse de ter conhecido dona Adquira.

E só então me dei conta. Não havia uma dona Adquira. O anúncio apenas convidava o leitor a adquirir um carneiro perpétuo no cemitério São João Batista. Seguiam-se telefone de contato e preço, e como não vi isso antes? Preciso ler esses anúncios com mais atenção – de repente, posso entrar num deles sem perceber.

Cinco minutos de apogeu

Quando Orson Welles assombrou o cinema com *Cidadão Kane*, em 1940, aos 25 anos – depois de ter sacudido a Broadway com um *Julio Cesar* moderno e parado os EUA com a transmissão de *A guerra dos mundos* pelo rádio –, um amigo da família comentou: "Quem conheceu Orson aos 5 anos sabe que ele é um fracasso aos 25."

Cammie King, uma ex-atriz americana que morreu há pouco, aos 76 anos, na Califórnia, não correu esse risco. Começou sua carreira no cinema em 1939, aos 5 anos incompletos, com um papel curto, mas comovente, em *...E o vento levou*. Antes de fazer 6 anos, participou de *Bambi*, de Walt Disney. Dois estouros de bilheteria e duas obras-primas em apenas doze meses de carreira! Então, sentindo talvez que chegara ao apogeu, aposentou-se do cinema para sempre.

Mais intrigantes ainda foram as características dessa carreira. Em *...E o vento levou*, Cammie vivia Bonnie, a filhinha dos enfezados Scarlett (Vivien Leigh) e Rhett (Clark Gable). Mas não era a única atriz no papel – Bonnie, ao nascer, era interpretada por um bebê; ao reaparecer, aos 2 anos, já era outra criança que a vivia; e apenas a partir daí, em duas cenas e uma fala, é que Cammie fazia Bonnie. Pouco depois, Bonnie cai de um pônei e morre, mas, nessa sequência, usou-se um menino como dublê.

Enfim, dois minutos na tela e uma única frase – eis o histórico de Cammie em *...E o vento levou*. E, em *Bambi*, que é um desenho animado, ela, naturalmente, não era vista no filme. Mas emprestou sua voz para a jovem Falina, a corça namoradinha de Bambi – a Falina adulta já seria feita por outra atriz.

Bem, onde estou querendo chegar? Ao fato de que, apesar dessa trajetória de cometa, Cammie até publicou um livro, *Memórias de ...E o vento levou*. Não sei o que escreveu nele, mas dou-lhe toda a razão: como esquecer o momento em que se chegou ao ápice, aos 6 anos, mesmo que tenha sido por cinco minutos?

Maiores que a vida

Ray Harryhausen, mestre dos efeitos especiais no cinema, morreu na semana passada, aos 92 anos. Os obituários o chamaram de bruxo da animação stop-motion – aquela em que miniaturas são fotografadas quadro a quadro, sofrendo mínimas alterações entre uma foto e outra, e a projeção contínua produz a ilusão de movimento.

O inventor dessa técnica não foi Harryhausen, mas Willis O'Brien, animador de *King Kong* (1933) e de quem ele se tornou assistente em *O monstro do mundo proibido* (1949), outro belo filme de macaco. Assim como O'Brien, Harryhausen punha suas miniaturas – dragões, sereias, medusas, ciclopes, os fabulosos esqueletos e toda a família dos dino, bronto e tiranossauros – interagindo com os atores, em filmes como *A 20 milhões de milhas da Terra* (1957), *Simbad e a princesa* (1958) e *Jasão e o velo de ouro* (1963), para o delírio dos garotos e o desprezo dos críticos.

Os críticos estavam certos. O cinema era muito sério naquela época para que se conciliasse a admiração pelos grandes diretores da época, como Luchino Visconti, Otto Preminger e Elia Kazan, com qualquer interesse por um especialista em animar bicharocos. Eles nem sequer deviam saber o nome de Ray Harryhausen.

Pois aconteceu que, com a submissão dos filmes aos efeitos especiais a partir de *Guerra nas estrelas*, descobriu-se que, com suas técnicas primitivas, feitas a mão, Harryhausen foi o grande inspirador de George Lucas, Steven Spielberg, James Cameron e outros que tomaram o cinema e o tornaram impróprio para maiores de 13 anos. Ray, claro, não teve culpa.

Em 2006, visitei uma exposição de Ray Harryhausen no Filmmuseum, em Berlim. Lá estavam, ao vivo, seus monstros em miniatura. Incrível, nenhum media mais que um palmo de altura. Mas, aos nossos olhos, no cinemascope dos anos 1950, eles eram maiores que a vida.

E foi em frente

Outro dia, vi pela TV a rainha Elizabeth II, da Inglaterra, saindo de um carro e caminhando com firmeza para uma cerimônia em Londres. Atrás dela, seu marido, o príncipe Philip – ele, um pouco lento, o que é normal para um homem de 95 anos. Mas Elizabeth, apenas cinco anos mais nova, seguia impávida pelo gramado, indiferente a tufos traiçoeiros. Sobreviverá a muita gente ali cuja mão deve ter apertado.

Assim como sobreviveu a todos os poderosos vigentes quando assumiu o trono, em 1952, aos que os sucederam, aos que sucederam a estes e aos que vieram ainda depois. Duvida?

Elizabeth deixou para trás Churchill, Stálin, Franco, Salazar, Mao, Chiang Kai-shek, Ho Chi Minh, Ben-Gurion, Nasser, Golda Meir, Indira Gandhi, Perón e o nosso Getúlio. Sem falar em Fidel, Pinochet, Idi Amin Dada, Gaddafi, Kim Jong-il, Margaret Thatcher e o aiatolá Khomeini. Presidentes americanos, enterrou Eisenhower, Kennedy, Johnson, Nixon, Ford e Reagan. Papas, Pio 12, João 23, Paulo VI, João Paulo I e João Paulo II. Reis, Faruk, o Aga Khan, o xá da Pérsia, o rei Zulu e, se não se cuidarem, os quatro do baralho.

A cada morte entre seus pares, ela tem de dar baixa em seus caderninhos, para prevenir uma gafe, e o que morre de gente nas casas reais da Espanha, Holanda, Bélgica, Dinamarca, Suécia e Noruega é uma grandeza. Entre os milionários, então, nem se fala – nos últimos 65 anos, uma legião de Rothschilds, Whitneys e Vanderbilts pediu o boné.

E a morte de pessoas que admirava e talvez até conhecesse sempre a deixou passada – Einstein, Chaplin, Garbo, Dietrich, Bertrand Russell, Coco Chanel, Noël Coward, Hannah Arendt, Marilyn, Martin Luther King, Louis Armstrong, Madre Teresa, Onassis, Sinatra, John Lennon, Mandela, Muhammad Ali. Mas é a vida. Um a um, ela deu um suspiro e foi em frente.

O último a partir

Morreu Jack Klugman, coadjuvante do cinema americano nos anos 1950 e 1960, mais conhecido talvez por algum seriado de TV. Em seu melhor filme, o clássico *Doze homens e uma sentença*, 1957, de Sidney Lumet, Klugman vivia um dos doze jurados julgando um jovem que matou o pai. Quando o filme começa, onze querem mandar o rapaz para a cadeira elétrica, sem discussão. Somente um, interpretado por Henry Fonda, tem dúvidas. Aos poucos, um a um, Fonda vai dobrando os colegas e reverte o resultado para 11 a 1, a favor do garoto. Jack Klugman fazia o jurado nº 5.

Mas o que interessa é o seguinte. Klugman era o último vivo daquele elenco de doze grandes atores – Lee J. Cobb, Ed Begley, Jack Warden, Martin Balsam eram alguns dos demais. Nenhum era muito famoso, embora seus rostos fossem familiares. O que me pergunto é como Klugman se sentia ao saber da morte de cada um. De repente, dos doze, só sobraram ele e Jack Warden. E, em 2006, Warden também morreu. Como terá sido para Klugman saber-se o seguinte?

É uma pergunta que nunca me atrevi a fazer a Fernando Sabino, depois que seus três amigos mineiros se foram (Helio Pellegrino, em 1988; Paulo Mendes Campos, em 1991; Otto Lara Resende, em 1992) e o deixaram para trás. Mas sei que, até morrer, em 2004, Fernando via o fantasma da morte em toda parte.

E o que terá acontecido a Juvenal, beque da seleção brasileira – Barbosa, Augusto e Juvenal; Bauer, Danilo e Bigode; Friaça, Zizinho, Ademir, Jair e Chico – que perdeu a Copa de 1950 para o Uruguai, ao ver seus companheiros partindo, um atrás do outro? Quando morreu o penúltimo, Friaça, em janeiro de 2009, Juvenal percebeu que agora era a sua vez. E, nove meses depois, foi mesmo.

Será que Paul McCartney e Ringo Starr, os Beatles sobreviventes, acompanham a saúde um do outro? O penúltimo não pode morrer – para que o último não seja a bola da vez.

Bares mortos

Você sente que o mundo mudou quando, ao voltar ao seu bar favorito depois de longa ausência, não reconhece ninguém ao redor. São outros os rostos, outra a cor dos drinques nas mesas, outra a música de fundo no ambiente, outros, até, os garçons. E, definitivamente, outros os retalhos de conversa que saem das mesas vizinhas – falam de um mundo a que você não pertence mais. Esse novo bar e esse novo mundo parecem frios e hostis. Mas é possível mudar de bar – ou de mundo.

Quem quer que tenha tido um passado em bares conheceu essa experiência. F. Scott Fitzgerald viveu-a em 1931, quando voltou a Paris depois do crack da Bolsa de Nova York, em 1929. Ao sentar-se ao balcão e ver os cacos de seu rosto no espelho, atrás das garrafas, nem ele se reconheceu. O mesmo já havia acontecido com seus antigos companheiros de farra na Paris dos anos loucos. Todos tinham pedido o chapéu antes dele, falindo ou morrendo.

Já Ernest Hemingway, antevendo essa possibilidade, nunca quis ter um pouso fixo. Dividia-se por bares de Nova York, Paris, Madri, às vezes dois em cada cidade – "*Mi mojitos en La Bodeguita, mi daiquirís en La*

Floridita", como em Havana –, e, com isso, tinha para onde correr se um bar o abandonasse. Sempre se considerou maior que esses bares, razão pela qual todos que frequentou, e não foram poucos, sacralizaram a mesa a que um dia ele se sentou.

Em minha trajetória etílica, também frequentei bares, no Rio e em São Paulo, que, sem que percebêssemos, estavam se transformando ou morrendo sob nossos pés. É feio ser o último da turma a pedir a saideira ou a conta. Melhor tentar sair mais cedo, antes que emborquem as cadeiras nas mesas, e nós com elas.

Parei de beber em 1988, aos 40. Não sei se cedo ou tarde. Só sei que foi por um triz, mas sobrevivi a todos os lugares onde bebi.

a cidade amada

O sonho real

Tomei meu pai pelo braço e levei-o para ver como o Rio do seu tempo estava sendo restaurado, remodelado, retrofitado. Era um passeio a pé, como muitos que fez comigo quando eu era criança, e ele, um homem de terno e responsabilidades. A diferença é que, agora, em 2012, era eu que o conduzia, mostrando-lhe as novidades – prédios, quarteirões, ruas e bairros inteiros sendo trazidos de volta a um esplendor que ele conheceu nos anos 1930 e 1940.

E não são apenas projetos, como já se fizeram muitos e ficaram no papel. São para valer – as obras são palpáveis, estão à vista e, algumas, já infernizando o trânsito. O Rio dos imperadores, escravos, meirinhos, cocotes e capadócios, de Manuel Antonio de Almeida a Machado de Assis, se encontra com o dos presidentes, estivadores, cronistas, manequins e sambistas, de João do Rio a Marques Rebelo, e ambos chegarão até nós, que só os conhecemos sob o desprezo de governos sem compromisso com a cidade.

Abandonado há décadas, o Centro histórico e profundo está sendo passado a limpo. Cabeças de porco à beira do desabamento renascem para se tornar estúdios, hostels, museus, ou para receber empresas cujas especialidades seriam incompreensíveis para seus moradores originais. Orgulhoso, levo meu pai pelo Catete, Glória, Lapa, Santo Cristo, Gamboa e outros bairros que foram seus territórios nos anos 1930 e 1940 e em que brincou tantos Carnavais.

Ele morreu em 1983, aos 73 anos. O passeio acima aconteceu num sonho que tive esta semana. Por fim, chegamos à praça Tiradentes na hora do lusco-fusco, com os lampadários acesos, a vida piscando e um aroma de euforia. A multidão o impressionou, mas o lufa-lufa era fascinante. Um bonde passou apinhado, todo iluminado por dentro. Foi tão mágico que o sonho acabou ali.

O bonde e meu pai continuarão no sonho. Mas este novo velho Rio é real.

Depois da chuva

Nove da noite, 10 de janeiro de 1966, uma segunda-feira. Os primeiros trovões rugiram quando eu saía da casa de meus pais, na Glória. Não ligo para chuva, mas, assim que pus o pé na calçada, algo se espatifou ao meu lado. Era um pingo, com o diâmetro e a força de um balde sendo despejado. Começava ali um dos maiores temporais da história do Rio.

Choveu forte, grosso e sem parar por 60 horas. Depois saberíamos que, apenas nas primeiras 36, tinham sido 500 milhões de metros cúbicos de água – 15 vezes a capacidade da lagoa Rodrigo de Freitas, 300 vezes a do Maracanã. Colapso nos transportes, luz, elevadores, telefones, comércio, bancos, abastecimento, água. Os desabamentos, 1.500 no total, aconteciam a toda hora e em toda parte. Barracos, sobrados e até encostas despencavam sobre a enxurrada.

Na manhã de quinta, a chuva finalmente parou. O sol fez as primeiras caretas e a cidade iniciou a contabilidade: 300 mortos, 25 mil desabrigados, prejuízo bárbaro. As águas baixaram e surgiu a lama. Começaram a lavagem, a vacinação contra o tifo e a varíola, o racionamento de energia. Meu cursinho pré-vestibular ficava no 19º andar, eram 19 andares diários a pé.

O Carnaval seria dali a um mês. Haveria clima? Falou-se em adiamento. Mas onde já se viu adiar o Carnaval? Com as ruas limpas, o comércio reaberto e uma sensação coletiva de renascimento, os blocos, as escolas e os clubes prometeram um grande Carnaval.

A jovem Banda de Ipanema tomou as ruas e a Portela venceu na avenida com *Memórias de um sargento de milícias*, de Paulinho da Viola. Os bailes ferveram. Nenhuma marchinha emplacou naquele ano, mas dois sambas ficaram para sempre: "Tristeza", de Haroldo Lobo e Niltinho, e "Vem chegando a madrugada", de Adil de Paula e Noel Rosa de Oliveira. Valeu.

A mão do homem

Um programa que gosto de fazer com amigos de visita ao Rio é levá-los ao Posto 6 de Copacabana e, de frente para o mar, instá-los a procurar o horizonte. Ao longe, montanhas; mais ao longe, mais montanhas; e, por trás destas, ainda mais montanhas. Não se sabe onde terminam. "On a clear day you can see forever", dizia uma canção de Alan Jay Lerner sobre Nova York. O que ele não diria sobre o Rio?

Mas, para que não se atribua esse cenário ao simples talento divino, é só olhar à esquerda e ver a curva da avenida Atlântica, sublinhada pela paliçada de prédios altos dos anos 1930 e 1940, que, por muito tempo, fizeram de Copacabana um nicho cosmopolita num país ainda acanhado e sem assunto. Ao fundo, o Pão de Açúcar, desde 1912 com o bondinho. Tudo isso levou a mão do homem.

Que não é santa, mas nem sempre interfere para sujar, corromper, demolir. Na maioria dos cartões-postais do Rio, vê-se a intervenção humana. Tome a floresta da Tijuca, dizimada pelo café nos séculos XVII e XIX e replantada pelo engenheiro Archer e seis escravos, de 1861 a 1872, para se tornar a maior floresta urbana do mundo. E que contou com sementes e mudas do hoje humilde Passeio Público – este também, na origem, um brejo, e construído em 1779 pelo mestre Valentim.

Tome o Jardim Botânico, outra criação humana. Ou a baía de Guanabara, margeando a cidade, a velha e a nova. O parque do Flamengo, com o paisagismo de Burle Marx. O impressionante arco de Flamengo, Botafogo e Centro da cidade, vistos da amurada da Urca. O aconchego natural do Horto, da Gávea, do Cosme Velho. Os muitos recantos deliciosos da Tijuca, do Grajaú, até de São Cristóvão. Muitos levaram séculos tentando destruir o Rio. Não conseguiram.

O título de Patrimônio da Humanidade, dado pela Unesco na categoria paisagem cultural, é também um reconhecimento ao fato de o Rio ter sobrevivido a si mesmo.

Com outra cidade por cima

Um muro de pedra, feito com argamassa de cal e conchas, e uma moeda de cobre datada de 1700, além de mais de quinhentos cacos de louça, azulejos e cerâmica, talvez também do século XVIII, tudo isso foi encontrado numa escavação no Leblon, a poucos quarteirões aqui de casa. Não foi um acaso. Profissionais comandaram a busca, já suspeitando da presença de um sítio arqueológico na região.

O Leblon levou a vida sendo ignorado enquanto o Rio namorava Copacabana e Ipanema. Mas, na verdade, é mais velho do que seus vizinhos de beira-mar. Os antigos chegavam a ele pelo mar, claro, e pela Gávea, com a qual se confundia, muito antes que, no século XIX, o francês Charles Le Blond – o Louro – iniciasse a nossa colonização. Aposto que, se seguirem escavando para as minhas bandas em General Artigas, vão descobrir balas de canhão, brincos de piratas e colares de escravos, além de panelas, garfos e outros apetrechos de cozinha, antecipando a vocação do bairro para a culinária.

Outros sítios arqueológicos têm sido encontrados em escavações na zona portuária, na praça Mauá e demais pontos do Centro do Rio onde a história se deu há duzentos ou trezentos anos. O que me intriga é que esses fragmentos do passado profundo estejam sempre alguns metros abaixo do nosso piso atual – como se as cidades consistissem em camadas que fossem se superpondo.

Já visitei sítios parecidos em Lisboa, Roma, Paris, e, em todos, 2 ou 3 metros abaixo do nível da rua, revelam-se as paredes de uma cidade que ali existia, com seus governantes, juristas, poetas, artesãos e comerciantes, e que se julgava tão completa, definitiva e imortal quanto as nossas. Reduziram-se a buracos no chão, xeretados por turistas.

Eu me pergunto se, em duzentos ou trezentos anos, nós, do hoje orgulhoso Leblon, também não seremos um buraco no chão, com outra cidade por cima.

Momo vs. Congo

Andei pensando e concluí que o Carnaval é a secular luta entre o rei Momo e o rei Congo. Eles seriam uma representação – Momo, do Carnaval branco, europeu e brincalhão; Congo, do Carnaval negro, africano e mágico. Os dois como faces da mesma moeda.

Não é uma luta ao pé da letra, claro, nem os contendores têm consciência dela – afinal, só existem simbolicamente. O próprio Momo que vemos nos salões, recebendo do prefeito a chave da cidade, é um símbolo. O mais perto que ele esteve de ser real foi nos anos 1950 e 1960, quando o titular era o carioca Nelson Nobre, com manto de veludo, coroa de lata, ruge nas faces, papadas abundantes e quase 200 quilos. Já o rei Congo é uma abstração total. Não se o visualiza. Mas sentimos sua presença – está nos morros e nos subúrbios, no fundo dos quintais e nessas escolas de samba que nada derruba, nem um incêndio, nem a chuva, nem os resmungos dos saudosistas.

Momo era o zé-pereira, o entrudo, o corso, as batalhas de confete, as fantasias de papel crepom à beira-mar, as marchinhas, o rádio, as revistas de modinhas, os bailes, os blocos, as prises de lança, os beijos roubados. Congo era o batuque, a umbigada, os ranchos, as escolas, a sensualidade, o terreiro, a navalha, o feijão, o samba, a porta-bandeira, a calça larga, o chapéu de aba curtinha, a peruca empoada.

Momo e Congo sempre reinaram em separado, cada qual em seu espaço. O tempo é que pareceu pertencer apenas a Momo. Mas, por volta de 1970, Congo o desbancou e reinou absoluto, com o domínio das escolas no Carnaval. Só agora, com a volta dos blocos, essa supremacia começa a ser disputada.

Sou fã de Momo, mas a dívida do Carnaval para com Congo é impagável. É ele, e não Momo, que está nos quadris dessas brasileiras de todas as cores que surgem na avenida, sacodem o Brasil com seu requebrado e só existem no Carnaval.

Morenos como vocês

O porteiro me entrega um pacote. Presente de um amigo. Abro-o e é uma preciosidade: a *Lista de assinantes do Rio de Janeiro e do Distrito Federal, 1949*. É o catálogo telefônico daquele ano – pela ordem de sobrenomes, quem morava onde e qual o seu número de telefone. Folheio-o ao acaso e o olho pousa num nome: Villa-Lobos, Heitor. Rua Araújo Porto Alegre, 56, tel. 22-2453. A ideia de que um monstro como Villa-Lobos estivesse à disposição de quem quisesse procurá-lo me encantou. Pensei num nome equivalente, e lá estava: Portinari, Candido. Rua Cosme Velho, 103, tel. 29-9363.

E não parei mais. Carlos Drummond de Andrade, rua Joaquim Nabuco, 81, tel. 27-5696. Manuel Bandeira, av. Beira-Mar, 406, tel. 22-0832. Imagino quantos poetas de província não os aborreceram com seus versos! E, incrível: Graciliano Ramos, rua Belisário Távora, 480, Laranjeiras, tel. 25-9943. Ninguém se escondia, nem o Graciliano!

Jornalistas? Mario Filho, o cardeal da crônica esportiva, av. Princesa Isabel, 38, tel. 37-1065. Rubem Braga, rua Julio de Castilhos, 78, tel. 27-2053. Heron Domingues, a voz do *Repórter Esso*, rua Fernando

Mendes, 25, tel. 37-9706. E Roberto Marinho? Rua Cosme Velho, 303, tel. 25-8179 – aliás, até hoje, embora ele não more mais lá.

Outros nomes surpreendentes. Jorge Guinle, o playboy das estrelas, Praia do Flamengo, 282-284, com vários telefones. Helio Gracie, o pioneiro do jiu-jítsu, também Praia do Flamengo, 82, tel. 28-6316. General Candido Rondon, o grande explorador, av. N. Sra. de Copacabana, 1394, tel. 27-2318. Carlos Lacerda, rua Tonelero, 180, tel. 37-4067 – dali a cinco anos, esse endereço derrubaria um presidente. E olha só: Juscelino Kubitschek, rua Sá Ferreira, 38, tel. 37-1065. E por aí fui.

Hoje eles são a história. Em 1949, eram apenas brasileiros, morenos como vocês.

Mais morenos

Há dias contei aqui que, ao folhear uma lista de assinantes do Rio de 1949, encontrei os endereços particulares de grandes escritores, músicos, pintores, jornalistas e políticos e seus números de telefone – o que os tornava acessíveis a quem quisesse esperá-los na esquina ou telefonar para elogiar ou ofender. Queria dizer que, por maiores e mais discutidos, não se escondiam do público.

Os políticos eram Carlos Lacerda e Juscelino Kubitschek, ainda não tão importantes, mas já com enorme presença. Ontem, voltando a consultar a lista, esbarrei em várias personalidades que, já então, tinham motivos para se proteger e não o faziam. Um deles, o brigadeiro Eduardo Gomes, candidato derrotado à Presidência em 1946 e que voltaria a disputar o cargo em 1950, contra Getúlio Vargas. Morava na rua Arthur Bernardes, 42, cob. 02, no Catete, tel. 25-4100.

Por falar em Getúlio, e os Vargas? Bem, Getúlio não constava, porque continuava recolhido em São Borja (RS), chocando um ovo. Mas seus irmãos Spartaco (rua Rodolfo Dantas, 11, tel. 37-3307), Serafim (rua Duvivier, 49, tel. 37-1469) e Viriato (rua Julio de Castilhos, 89, tel. 47-3841), sim. E, principalmente, seus filhos Luthero (av. Rui Barbosa, 430, tel. 25-3848) e Alzira, e o também influente marido desta, Ernani do Amaral Peixoto (av. Rui Barbosa, 450, tel. 25-4120). Todos à mão.

David Nasser, o jornalista mais famoso – não o mais honesto – do Brasil, morava na rua Oliveira da Silva, 40, cob. 02, na Tijuca, tel. 38-6687. E Samuel Wainer, em breve tão famoso quanto, na av. N. Sra. de Copacabana, 1099, tel. 47-1410.

Nem o arquibanqueiro e ministro Walther Moreira Salles temia se mostrar. Morava na rua Marquês de São Vicente, 475, na Gávea, tel. 27-1248. Era a casinha da família. Hoje é o Instituto Moreira Salles.

Sururu no réveillon

1º de janeiro de 1981. Esmagado pela paisagem, o réveillon segue morno no morro da Urca, e um amigo (vamos chamá-lo de João Luiz, embora este seja o seu nome verdadeiro), fantasiado de papa João Paulo II, recém-eleito, resolve animar o baile. Quando passamos por um grupo de rapazes e moças argentinos, ele diz, num volume que lhe permite ser escutado: "Todo argentino é f. da p.".

Os argentinos se ofendem e vêm tomar satisfações. João Luiz diz que não foi bem isso, eles entenderam errado. Os rapazes o perdoam, talvez por ele ser o papa, e saímos de perto. Então, à distância, como que casualmente, João Luiz repete: "Todo argentino é f. da p.". Eles o interpelam de novo. João Luiz se justifica e, incrível, os gringos deixam passar. Mas, incontinente, João Luiz diz a frase pela terceira vez.

Aí não tem jeito. O pau quebra junto ao Pão de Açúcar. Os argentinos vêm para cima de João Luiz e ele acerta um ou dois na cabeça com o cetro do papa (um cabo de vassoura enrolado com uma fita). Não briguei, preferi ficar de longe, narrando a contenda com os bordões do Waldir Amaral.

A turma do deixa-disso (perdão, leitores) entra na história e acalma o sururu. Ninguém se machucou, e João Luiz apenas perdeu o chapéu do papa (comprado na Casa Turuna), que rolou morro abaixo. Todo mundo se abraça, os argentinos se reúnem a nós e acho até que brotou um romance entre um rapaz e uma moça das duas bandeiras.

Horas depois, sol já quente, descemos todos juntos no bondinho, cantando o tango "Cambalache", do Discépolo ("*Que el mundo fue y será/ Una porqueria, ya lo* sé..."), e com João Luiz recitando a escalação da seleção argentina dos anos 1940 – Vacca, Salomón e Sobrero; Sosa, Strembel e Battagliero; De La Mata, Méndez, Pedernera, Labruna e Lostau –, que dava uma ou duas surras por ano no Brasil, e da qual ele agora se sentia vingado.

Papo com a estátua

Os que moram de frente para ele na avenida Atlântica, entre Rainha Elizabeth e Julio de Castilhos, foram os primeiros a observar. Drummond, a estátua, passa o dia com gente sentada ao seu lado, deixando-se fotografar com ele ou roubando seus óculos. Mas há duas pessoas que têm uma relação especial com a estátua.

O primeiro sujeito senta-se no banco, bem cedinho, e bate profundos papos com a estátua do poeta. Não se sabe o que fala, mas deve ser importante porque, do outro lado da rua, dá para vê-lo gesticulando, como quem enfatiza um ponto, ou se inclinando sobre Drummond, como que para ouvi-lo melhor. Claro – porque, se ele fala com Drummond, por que Drummond não falaria com ele?

O outro íntimo do poeta chega ao anoitecer, quando o pôr do sol provoca uma queda na temperatura. Nosso herói tira o casaco, o suéter ou o que for, e o joga sobre os ombros de Drummond para agasalhá-lo. O mesmo com a chuva, quando chove. Aos primeiros pingos, abre um guarda-chuva e protege o poeta. E deve sofrer quando chove em outras horas do dia e ele não está ali para cobri-lo.

Tão retraído na vida real, Drummond é a única estátua do Rio que dá essa confiança aos transeuntes. Seus colegas de Copacabana – Dorival Caymmi, no fim do Posto 6; João de Barro (Braguinha), no começo da rua Barata Ribeiro; e Ary Barroso, no Leme – parecem ocupados demais para conversar. E Ibrahim Sued, na entrada do Copacabana Palace, nunca foi de dar bola para qualquer um.

Uma estátua de que sinto falta no Rio é a de Carmen Miranda. Sem Carmen, Ary, Braguinha e Caymmi não seriam quem foram. Nem o samba nem o Carnaval. O Rio, então, nem se fala. Ninguém mais merecedora de uma estátua, e tanto faria que fosse na Cinelândia, na Lapa ou na Urca. Com Carmen, sim, eu bateria papos maravilhosos e, em troca, a protegeria da chuva e do frio.

Nas mesmas ruas

Às vezes, imagino como seria ser adulto e circular pelas ruas do Rio em 1957 e ver passar alguns de seus habitantes – talvez viajar de bonde, entrar num elevador ou tomar café em pé ao lado de um deles e ouvir o que diziam. Por que 1957? Nenhum motivo. Foi só um ano em que os citados a seguir estavam vivos, ativos, morando no Rio e, muitos, inconscientes da sua grandeza e, alguns, da própria imortalidade.

Carlos Drummond, Manuel Bandeira, José Lins do Rêgo, Jorge Amado, Guimarães Rosa, Clarice Lispector, Alvaro Moreyra, Aníbal Machado, Lucio Cardoso, Vinicius de Moraes, Mario Faustino, Gilka Machado, Cecília Meireles, Fernando Sabino, Paulo Mendes Campos, Rubem Braga, Agrippino Grieco, Rachel de Queiroz, Marques Rebêlo, Otto Lara Resende, Augusto Frederico Schmidt, Ferreira Gullar.

Otto Maria Carpeaux, Raymundo de Castro Maya, Alceu Amoroso Lima, Gustavo Corção, Sergio Porto, Millôr Fernandes, Antonio Maria, Nelson Rodrigues, Silveira Sampaio, Antonio Callado, Procopio Ferreira, Bibi Ferreira, Maria Clara Machado, Henriette Morineau, Ziembinski, Tonia Carrero, Paulo Autran,

Fernanda Montenegro, Eros Volusia, Oscarito, Grande Otelo, Humberto Mauro, João Saldanha, Didi, Garrincha.

Villa-Lobos, Pixinguinha, Aracy de Almeida, as irmãs Linda e Dircinha Baptista, Elizeth Cardoso, Dolores Duran, Dick Farney, Lucio Alves, Ary Barroso, Dorival Caymmi, o jovem Jobim, Radamés Gnattali, Claudio Santoro, Edino Krieger, Guerra Peixe, Ataulpho Alves, Lamartine Babo, Braguinha, Mario Reis, Carlos Galhardo, Silvio Caldas, Orlando Silva, Humberto Teixeira, Luiz Gonzaga.

Oscar Niemeyer, Lucio Costa, Affonso Eduardo Reidy, Burle Marx, os irmãos Roberto, Carmen Portinho, Mario Pedrosa, Oswaldo Goeldi, Lygia Clark, Helio Oiticica, Portinari, Di Cavalcanti e muitos mais. Todos tentando construir o Brasil – para você ver como é difícil.

o coração em campo

O carrasco e a vítima

Maracanã, 1950. Aos 20 minutos do 2º tempo, o ponta uruguaio Gigghia avançou pela direita, driblou o lateral Bigode e, diante do zagueiro Juvenal, que se deslocara para combatê-lo, cruzou para seu companheiro Schiaffino. Este recebeu livre no centro da área e fuzilou o goleiro Barbosa, empatando para o Uruguai. O 1x1 abalou os quase 200 mil torcedores, mas, com aquele resultado, o Brasil ainda seria campeão do mundo.

Aos 34 minutos, repete-se o lance. Só que, desta vez, Juvenal fica firme no centro da área para não deixar Schiaffino livre. Gigghia, então, em vez de cruzar, chuta direto a gol e a bola penetra entre Barbosa e a trave – 2x1, silêncio no Maracanã, Uruguai campeão.

Quase sessenta anos depois daquela tarde trágica para o Brasil, Gigghia, 83 anos, gravou seus pés em cimento na Calçada da Fama do Maracanã. Suas arrancadas pela ponta levaram milhões de brasileiros ao desespero – e, desde então, o Brasil cansou de ganhar a Copa –, mas não sei de outro país ou povo que prestasse tal homenagem a seu carrasco. Nem Gigghia, em lágrimas, esperava por isso.

Em compensação, poucos meses depois, uma das vítimas daquela história, Juvenal, foi enterrado no cemitério de Camaçari, em Salvador, na presença de, no máximo, meia dúzia de amigos. Tinha 86 anos, dos quais os últimos foram muito tristes: pobre, quase esquecido, numa casinha de 10 metros quadrados, sem poder andar, com artrose nos joelhos e quadris, e ligado ao mundo apenas por um rádio.

A baiana Marcia Turvão, a bondade em pessoa, minha amiga e de Juvenal, tentou vestir seu caixão com uma bandeira do Brasil, do Flamengo ou do Bahia, cores que ele defendeu. Mas era véspera de feriado e, quando Marcia conseguiu achar uma bandeira e voltar ao cemitério, Juvenal já fora sepultado. Mais um desencontro do destino entre ele e Gigghia.

Bellini e a menina

Em julho de 1958, uma menina de 10 anos, chamada Célia, sofrendo desde cedo de poliomielite, fez sua primeira cirurgia na perna. Enquanto convalescia, montou um álbum de recortes sobre seu ídolo, o homem mais bonito do Brasil, o xodó de todas as mulheres, crianças e até avós: Bellini, zagueiro do Vasco e capitão da seleção brasileira recém-campeã do mundo na Suécia. Certo dia, a porta da casa onde ela morava com sua família no Leblon se abriu, e uma visita de surpresa disse: "Boa-noite". Era Bellini.

Como? Simples. Alguém que conhecia alguém que conhecia Bellini falou-lhe daquela menina, e ele se deixou tocar pela história. O campeoníssimo Bellini acabara de completar 28 anos e não chegava para as encomendas. Quando não estava treinando ou jogando pelo Vasco, os cartolas o obrigavam a viajar com a taça Jules Rimet e levantá-la em festas e banquetes pelas grotas mais remotas do país. Mesmo assim, Bellini achou tempo para ver a garota, que ficou muda de emoção enquanto ele lhe contava histórias da Suécia.

Dois anos depois, em 1960, a menina encontrou Bellini na rua, em Copacabana. Ele a reconheceu e ela lhe disse que, no dia seguinte, iria fazer sua segunda (e última) cirurgia. Bellini novamente se interessou. Dali a dias, ligou para o hospital para perguntar como estava. Ao saber que brevemente ela iria para casa, deu um tempinho e foi visitá-la de novo, desta vez levando bombons. Era assim que ele era.

Passaram-se mais anos, muitos mais. Celia se tornou a violonista, arranjadora e maestrina Celia Vaz, uma das musicistas mais completas do Brasil e com sólida reputação no Japão, na Europa e nos EUA, muito maior do que em seu país.

Há dias, após intermediação de amigos, Celia foi a São Paulo para encontrar Bellini e sua esposa Giselda, dar-lhe um beijo e retribuir os bombons. O intervalo de mais de cinquenta anos – o próprio Bellini tem hoje 81 e boa parte da memória trancafiada pelo Alzheimer – não impediu que a emoção desandasse e as lágrimas descessem pelos rostos de todos eles e sobre o estojo da Kopenhagen.

Enxurrada de amor

Zico chegou ao Maracanã para uma entrevista de televisão. Veio dirigindo o próprio carro. Ele mesmo o estacionou. Saiu e acenou para a equipe e para o outro convidado, por acaso eu. Um grupo de alemães em visita ao estádio o reconheceu e interceptou. Zico posou sorrindo para fotos com todos e com cada um e autografou bolas, camisas, papeluchos.

Reunimo-nos e seguimos pelo hall dos elevadores. Havia um exército de gente varrendo o chão, instalando cabos, colando painéis. Largaram o que estavam fazendo e foram posar com ele e também pedir-lhe autógrafos. Zico atendeu a todos. De repente, ouviu-se: "Zico! Zico! Zico!". Eram vinte ou trinta escolares, muitos de camisa do Flamengo, sentados no chão do hall com a professora. Zico, que acabou de ser avô, aproximou-se, feliz, sentou-se no meio deles e foi vastamente fotografado. E mais autógrafos.

Subimos para as tribunas, no 6º andar, onde será a gravação. Ao abrir-se a porta do elevador, o anel das arquibancadas surgiu à nossa frente – um panorama que ele já viu mil vezes lá de baixo, do nível do gramado. Mas não conseguiu deixar de exclamar: "Que bonito!" Era dia de semana e o Maracanã estava vazio, mas quase podíamos ouvir o eco das 150 mil vozes que, nos anos 1970 e 1980, gritaram tantas vezes o seu nome. Ali ainda é a sua casa – ele, que fez gols e ganhou títulos, pelo Flamengo e pelo Brasil, nos cinco continentes.

O pessoal da TV, habituado a esnobar os astros da novela, rende-se a Zico. Abraçam-no, contam-lhe o que ele representou em suas vidas e como lhe são gratos por tanta coisa. Já me disseram que esse banho de afeto, essa enxurrada de amor, se repete pelo dia inteiro na vida de Zico, todos os dias – no Rio, onde mora, no Japão, na Turquia, na Rússia, onde quer que trabalhe e por onde for.

E – posso garantir, porque já vi – Zico ouve cada declaração dessas como se fosse a primeira vez.

Também são bons

Com divertido espanto, leio, vejo e ouço por toda parte que Neymar, Messi e Suárez, do Barcelona, tornaram-se o maior ataque da história do futebol mundial. Muita gente pensa assim. Sei bem como é maravilhoso ser contemporâneo de gênios, e imagine ter vivido na mesma época que Freud, Einstein e Groucho Marx – mas até estes, em vida, tiveram quem os contestasse. Já Neymar, Messi e Suárez, a cada 7x0 que aplicam num pereba do Campeonato Espanhol, dão mais um passo rumo à canonização.

Talvez por desmemória, desinformação ou ambas, ninguém cita alguns ataques louvados pelos cronistas do passado e que talvez se comparassem a Neymar, Messi e Suárez. O trio do Barcelona será maior, por exemplo, que o do Santos de tantos títulos internacionais – Coutinho, Pelé e Pepe? Ou que o do "Expresso da Vitória", o Vasco, que dominou o futebol brasileiro em fins dos anos 1940 – Ademir, Jair e Chico? Ou o da seleção húngara de 1954 –Kocsis, Hidegkuti e Puskàs? Ou o do próprio Real Madrid de 1960 – Di Stéfano, Puskàs e Gento?

E o que dizer dos ataques com meias ofensivos e que, por isso, eram escalados com cinco? Pode ter havido igual ao do Brasil de 1945? Tesourinha, Zizinho, Heleno, Jair e Ademir – em que Ademir, para poder jogar, precisou ir para a ponta porque o centroavante só podia ser Heleno. E o do Brasil de 1958? Garrincha, Didi, Vavá, Pelé e Zagallo – *sorry*, periferia. E o do Brasil de 1970? Jairzinho, Gerson, Tostão, Pelé e Rivelino – com um reserva chamado Paulo Cezar (Caju), pronto para entrar em qualquer posição.

Você dirá: eles eram bons naquele tempo, hoje não jogariam tanto. Na minha opinião, jogariam mais. No tempo deles, não havia cartão amarelo ou vermelho. Nenhum time que os enfrentasse hoje terminaria o jogo com 11.

Ah, sim, Neymar, Messi e Suárez. Também são bons.

As mãos do herói

O ano, 1954 ou 55. O Vasco era uma potência brasileira. Nos dez anos anteriores, fora cinco vezes campeão carioca, e seu time, o "Expresso da Vitória", a base da seleção brasileira. Mas seu poder extrapolava o futebol. Emanava do estádio de São Januário, onde Getúlio discursara para os "trabalhadores do Brasil", concentrava-se nos portugueses da rua do Acre, que dominavam as importações de secos e molhados no país, e espalhava-se pelos corredores do Catete, sede da República.

Como todo vascaíno, o garoto Carlos Alberto, aos 6 anos, sonhava com as façanhas de Ademir, Danilo, Barbosa, Augusto, Ipojucan e outros craques do clube. Por contatos do pai, também português, sua casa, na Tijuca, era quase um consulado do Vasco. Os jogadores a frequentavam com suas esposas e faziam festinhas no menino Carlos e em sua irmã Leila. Era a glória.

Para Carlos, no entanto, a glória maior seria entrar em campo como mascote do time, de mãos dadas com o herói máximo, o jovem zagueiro Bellini. Mas eles nunca o convidaram. Pior: quem fazia isso era seu primo Crezinho. Por muito menos, milhares de pessoas passaram a vida no analista.

Séculos depois, Carlos Alberto Afonso, cuja loja Toca do Vinicius, em Ipanema, produz uma "calçada da fama", passou esse trauma a limpo. Às mãos de Pixinguinha, Chacrinha, Tônia Carrero, Grande Otelo, Marlene, Zico e outros deuses, gravadas em cimento, ele, em 2009, juntou as de Bellini. Como seu ídolo já estivesse doente para viajar, Carlos Alberto foi a São Paulo levando o caixilho de madeira, o cimento e a colher de pedreiro. E, no próprio apartamento de Bellini e sua esposa, Giselda, realizou a operação. Imprimiu na massa as mãos que primeiro levantaram a Copa do Mundo.

Mas, para o seu coração, elas significavam muito mais. Eram as mãos que Carlos Alberto, um dia, queria que o conduzissem para o gramado, em nome do Vasco.

Amado para sempre

Amanhã, no Engenhão, veremos as últimas cenas de uma história de amor envolvendo um homem e 40 milhões de pessoas: o jogador Petkovic e a torcida do Flamengo.

Uma história que se contou em dois atos (suas duas passagens pelo clube em dez anos), divididos em 197 quadros (o número de partidas que disputou), e que produziu 57 clímaces e apoteoses – os gols que marcou pelo rubro-negro. Muitos desses gols (olímpicos, cobrando falta, trocando passes) significaram títulos, um deles o do hexacampeonato brasileiro do Flamengo, em 2009.

Aos 38 anos, Petkovic encerra sua carreira como atleta. E é apenas condizente que, sem jogar há meses, sua despedida se dê não num amistoso regado a oba-obas, mas num Flamengo x Corinthians a valer três pontos pelo Brasileirão. Petkovic foi profissional em cada segundo de sua vida no futebol. Todo clube deveria ter um homem como ele em seus quadros, para servir de exemplo aos mais jovens.

Aos 43 do segundo tempo de um Flamengo x Vasco decisivo, no dia 27 de maio de 2001, ele alterou o pulso nacional. Foi quando marcou o gol de falta que deu ao Flamengo seu quarto tricampeonato carioca. Ao ver a bola entrar, saiu correndo rumo à lateral, estacou e caiu de costas – a entrega total, a certeza de que a vida já não lhe devia nada, de que seria amado para sempre.

Naquele exato segundo, eu estava em meio a uma roda de torcedores ouvindo o jogo por um radinho de pilha, em plena Bienal do Livro, no Riocentro. Nosso grito de gol ecoou e foi amplificado pela Bienal inteira. Os graves escritores internacionais, absortos em suas conferências, ouviram o urro coletivo, levantaram os sobrolhos e não entenderam nada. Entenderam ainda menos ao ver o estouro da boiada, os torcedores em volta olímpica, cantando e correndo entre os estandes. Muitos, de repente, vestidos de Flamengo. Como eu.

Times do coração

Outro dia, dei um pulinho a 1917 e, ao constatar que Coelho Netto era realmente torcedor do Fluminense; Olavo Bilac, do Botafogo; João do Rio, do Flamengo; e que Lima Barreto odiava futebol, decidi descobrir para qual time torciam alguns dos nossos antigos heróis da música e da literatura. Folheei jornais velhos, telefonei para amigos, e a coisa, salvo erro, por enquanto está assim:

Villa-Lobos, Ary Barroso e Dorival Caymmi eram Flamengo. Noel Rosa tinha vaga simpatia pelo Andaraí. João de Barro (Braguinha) era Botafogo; Lamartine Babo, América; Assis Valente e Wilson Baptista, Flamengo; e Custódio Mesquita, Fluminense. Entre os cantores, Francisco Alves, Mario Reis e Carlos Galhardo eram América. Orlando Silva, Cyro Monteiro e Moreira da Silva, Flamengo. Silvio Caldas, São Cristóvão. Carmen Miranda, Flamengo, e Aracy de Almeida, Vasco.

Poetas? Drummond era Vasco; Manuel Bandeira, Flamengo; João Cabral, América; e Augusto Frederico Schmidt, Botafogo – aliás, botafoguíssimo: dormia com a camisa do clube sob o pijama. Romancistas? José Lins do Rêgo era Flamengo; Rachel de Queiroz, Vasco; Marques Rebelo, América; e Clarice Lispector,

Botafogo. Cronistas? Fernando Sabino, Paulo Mendes Campos e Otto Lara Resende, todos Botafogo (embora, segundo Nelson Rodrigues, Otto não soubesse muito bem quais eram as cores de seu time); e Rubem Braga, Flamengo. Nelson Rodrigues era, claro, Fluminense; seu irmão Mario Filho, Flamengo. E Sergio Porto, também Fluminense.

Na bossa nova e adjacências, Tom Jobim era Fluminense; Vinicius de Moraes e Carlinhos Lyra, Botafogo; e João Gilberto, Vasco. Roberto Menescal, Flamengo, e Ronaldo Bôscoli, Fluminense. Doris Monteiro e Lucio Alves, Vasco; Dick Farney, Fluminense. Elizeth Cardoso, Claudette Soares e Sylvinha Telles, Flamengo.

Pixinguinha, nenhum. E Nara Leão, segundo sua irmã Danuza, não sabia nem quem era a bola.

Mais times do coração

Leitores me cobraram pelas omissões numa coluna em que listei os times de futebol por que torciam os monstros da música e da literatura brasileira. Por questão de espaço, elas eram inevitáveis. Pois aqui vão mais listas – e, certamente, novas omissões.

A grande dupla das chanchadas tomava partido: Oscarito era América; Grande Otelo, Flamengo. As rainhas dos auditórios também: Emilinha (e Dalva de Oliveira), Botafogo; Marlene, Fluminense. Mas Virgínia Lane, "a vedete do Brasil", era Flamengo, assim como Ângela Maria, Elza Soares e as irmãs Linda e Dircinha Baptista. Cauby Peixoto, idem. Roberto Silva, o maior cantor que o Brasil não descobriu, era Botafogo. Pery Ribeiro também. Orlandivo, Fluminense. E Tim Maia, América.

Antonio Maria era Vasco; Dolores Duran, Flamengo. Jorge Goulart era Fluminense; e Nora Ney, sua mulher, Olaria (foi enterrada com a bandeira do clube). Flamengo eram também Geraldo Pereira, Blecaute, Miltinho, Ed Lincoln e Wilson Simonal. Já Haroldo Barbosa, autor de "Eu quero um samba", "Pra que discutir com madame" e "Tim-tim por tim-tim", era Fluminense (num Fla-Flu, apostou o bigode com Ary Barroso. E ganhou).

Os Cariocas, na sua formação original, se dividiam: Ismael e Severino eram Vasco; Badeco e Quartera, América. E os maestros? Radamés Gnattali, Botafogo; Lyrio Panicali, Fluminense. E no choro? Jacob do Bandolim, Vasco; Waldir Azevedo, Flamengo. E no samba? Ismael Silva, Vasco; Ataulfo Alves, Flamengo. Cartola, Fluminense; Nelson Cavaquinho, Vasco. Zé Kéti, Vasco; Billy Blanco, Flamengo. E João Nogueira, também Flamengo; Jamelão, Vasco.

E hoje? João Bosco, Moacyr Luz e Paulo Cesar Pinheiro são Flamengo. Beth Carvalho e Zeca Pagodinho, Botafogo. Mas ninguém bate o Vasco na área do samba: Paulinho da Viola, Guinga, Nei Lopes, Martinho da Vila, Aldir Blanc e Nelson Sargento.

O pinto do Manequinho

Arrancaram o pênis do Manequinho, o chafariz na forma de um menino nu, de bronze, que parece urinar, plantado no Mourisco. Por ficar perto da sede do Botafogo, os torcedores alvinegros consideram o Manequinho um dos seus e o vestem com suas cores nas conquistas do clube. Daí estarem atribuindo a castração da estátua aos torcedores do Flamengo – como se estes quisessem, simbolicamente, emascular o time da estrela solitária.

Monumentos e obras de arte vivem sujeitos a vândalos. "Guernica" já foi atacado com spray. A "Pietà", por um louco armado de marreta. Nem por isso os fãs de Picasso e Michelangelo atribuíram tais agressões aos adeptos de, respectivamente, Joan Miró e Leonardo da Vinci. Aqui mesmo no Rio, os óculos da estátua do poeta Drummond, em Copacabana, vivem sendo arrancados. Mas ninguém jamais acusou disso os torcedores de Manuel Bandeira, Ferreira Gullar ou J. G. de Araújo Jorge.

Mesmo porque o Manequinho não pertence somente aos botafoguenses. Todos os cariocas gostam dele, e isso desde 1911, quando Belmiro de Almeida o esculpiu e ele foi colocado, a princípio, em frente ao

Palácio Monroe, na então avenida Central, onde ficou por muitos anos. Sua associação com o Botafogo só começou em 1957. E o que há de simbólico num pênis infantil cuja finalidade é conduzir a água do chafariz?

Psicólogos chamados a opinar veem outro tipo de símbolo em atos de vandalismo como este. Eles seriam uma forma doentia de demonstrar poder – como se, ao mutilar ou destruir um monumento, o vândalo estivesse se compensando pela própria impotência.

Os supersticiosos botafoguenses podem ficar tranquilos. O pinto do Manequinho tem apenas 2 centímetros e será facílimo providenciar uma prótese. Mais difícil seria se a estátua fosse do Garrincha.

coisas sem as quais

Prazeres na "nuvem"

CDs, DVDs, câmeras digitais, telefones fixos, controle remoto e até PCs de mesa com teclado, mouse e disco rígido – pelo que li há dias nos jornais, tudo isso tende a ser história nos próximos anos. Por história, entenda-se o grande lixão a que se destinam os cadáveres da eletrônica. Parece que, na próxima década, só os maiores de 30 anos ainda terão uma vaga lembrança de para que serviam esses equipamentos, aos quais ficamos hoje atracados o dia inteiro.

A ideia é a de que as mídias físicas, palpáveis, irão literalmente para o espaço. Tudo estará na chamada "nuvem" – que, até agora, ninguém conseguiu me explicar onde fica, como funciona e se fecha quando chove. O acesso aos conteúdos se dará por smartphones, downloads ou com o usuário plantando bananeira contra a parede e se concentrando.

A "nuvem" é infinita e conterá tudo que puder ser exibido, alugado, vendido, emprestado ou copiado, e isso dispensará as cidades de manter museus, galerias, cinemas, bibliotecas, livrarias, sebos, arquivos públicos, etc. Quer dizer, os acervos destes continuarão existindo, mas "na nuvem", sem despesas com funcionários, material de limpeza ou energia elétrica.

Cá entre nós, não estou com a menor pressa de aderir à "nuvem". Ainda gosto de manusear, apalpar, acariciar. Hoje, por exemplo, minha coleção de LPs, em edições raras, originais, lindíssimas, é a melhor que já tive (vitrolas e agulhas não faltam – estou estocado). O mesmo quanto às coleções de CDs e DVDs que acumulei – só espero que não interrompam logo a fabricação dos aparelhos para tocá-los. E continuo a frequentar sebos, bibliotecas e arquivos – gosto até do cheiro de mofo.

Meu consolo é que, um dia, quando tudo isso tiver acabado e só estiver disponível na "nuvem", eu também estarei nas proximidades – em alguma nuvem.

O destino da estante

O homem do Gato Preto armou-se de escada, chave de fenda e alicate para desmontar a estante. Era um bonito móvel. Cobria uma parede comprida de ponta a ponta e do chão ao teto, como devem ser as estantes. Eu a mandara construir havia poucos anos, embora já suspeitasse de que não ficaria muito tempo naquela casa. E não fiquei. Em 1995, voltei para o Rio, depois de 16 anos em São Paulo. Mas não quis deixar a estante para trás. Daí o desmonte.

Era a primeira vez que fazia isso. Até então, já tinha morado em dois países, três cidades e inúmeras ruas, e, em muitos desses endereços, plantara uma estante – desde uma, em 1968, com tábuas apoiadas sobre tijolos, roubados de uma construção próxima (como fiz no Solar da Fossa), até aquelas catedrais de madeira, esculpidas em marcenarias metidas a besta. E, ao me mudar, sempre deixara as estantes para trás, na esperança de que o morador seguinte as atulhasse de livros, não de troféus, bibelôs ou aquários.

Os livros já tinham sido retirados e enfiados em caixas. Sem eles, a estante parecia nua. Com tristeza, vi quando o homem descolou a parte que ligava a estante ao teto. Depois, desencaixou o fundo as paredes laterais e, peça por peça, foi desarmando as prateleiras e escrevendo algo a giz em cada uma. Parecia a agonia de um animal de grande porte. As três seções de que a estante se compunha foram separadas e, em poucas horas, tudo se reduzia a pilhas de tábuas.

Aconteceu que, no apartamento em que vim morar no Rio, havia uma estante de pinho-de-riga, maior e mais bonita do que a que trouxera comigo. Fiquei então com apenas uma parte desta e doei as outras duas. Elas continuaram a exercer o seu papel de abrigar livros.

Não sei se histórias como esta terão lugar no futuro. Alguém vai guardar tablets, Kindles ou e-readers em estantes?

Apetite esvoaçante

Contumaz frequentador de sebos de livros, acostumei-me a ver, em muitos deles, um gato. Claro. Não apenas os gatos ficam bem entre livros, como são seus guardiões nas longas noites em que os sebos ficam fechados e sob sua pior ameaça – os ratos. Fui e sou amigo de vários gatos dos sebos cariocas e sei de suas façanhas na proteção de grandes preciosidades. Meu favorito era Zulu, o gato da Dantes, na rua Dias Ferreira, no Leblon. Graças a ele, tenho hoje a coleção completa de Arsène Lupin, da Vecchi. Mas a Dantes não existe mais e Zulu, temo eu, também não.

Outro dia, tive a atenção despertada para outros animais a quem milhares de livros devem a vida: os morcegos. A notícia falava da colônia de morcegos mantida pela Biblioteca Joanina, da Universidade de Coimbra, em Portugal, para se proteger dos insetos bibliófagos. A Joanina é considerada uma obra-prima barroca e tem esse nome porque foi criada, em 1716, pelo rei d. João V (1689-1750), que, por ter plantado tantas bibliotecas em Portugal, ficou conhecido como o Magnânimo.

Um lugar assim, com trezentos anos de umidade, mofo e cavernas na madeira viva, deve ser um banquete para traças, brocas e cupins. Mas, então, entram em ação os morcegos que, um dia, penetraram por seus telhados e janelas, e devem estar lá há gerações. É um embate entre a fome e a vontade de comer, tendo como troféus livros talvez únicos, insubstituíveis.

Diz-se que um único morcego pode comer até quinhentos desses bicharocos numa noite. Não sei qual é a população de morcegos da Joanina, mas, dada a capacidade de proliferação dos insetos, imagino que a biblioteca não possa abrir mão de um só morcego.

O que sei é que, com todo esse apetite esvoaçante, a biblioteca precisa cobrir os livros mais preciosos. Afinal, o que os morcegos comem tem de sair por algum lugar.

Paixão por sorvete

Leio no jornal que o sorveteiro italiano Sergio Dondoli, "bicampeão mundial da especialidade", virá ao Brasil no verão para dar cursos sobre sua arte. A notícia fala de uma "Copa do Mundo do Sorvete" – que Dondoli venceu duas vezes – com a familiaridade de quem se refere ao mundial de pelota basca, marcha atlética ou nado sincronizado.

Quer dizer que se disputam Copas do Mundo do sorvete? Que maravilha! Eu não sabia. Onde, quando e com que regularidade? E como são as regras? Será que, numa cozinha em forma de estádio, os sorveteiros criam suas maravilhas e uma comissão de provadores experimenta uma atrás da outra, enquanto a torcida lambe os beiços na arquibancada? Ou distribuem pazinhas com amostras para a galera?

Haverá uma divisão por categorias? Um sorvete de pistache pode disputar com um de avelã ou um de café com outro de chocolate? Ou a competição se dá pelo grau de originalidade de cada sorveteiro? Neste caso, é fácil imaginar por que Dondoli ganha sempre – seus sorvetes são combinações exóticas de framboesa com lavanda, amora com alecrim, nozes com gorgonzola.

Em comum com Orson Welles, Charles Mingus e Marlon Brando, tenho a paixão por sorvete e o peso em três dígitos, mais ou menos nesta ordem. Calculo que, nos últimos 23 anos, a uma média de três bolas por dia, consumi cerca de mil bolas de sorvete por ano. Isto significa, no período, 23 mil bolas – ou 23 mil vezes feliz. E, como todo sorvetômano assumido, não me interesso por sorvetes cheios de nove horas. Quem gosta mesmo de sorvete prefere os básicos – sem exotismos.

"Qualquer coisa pode virar sorvete, até carne", diz Dondoli, com sua autoridade de bicampeão mundial. Atrevo-me a discordar. Não há sorvete de manga com torresmo ou de pitanga com sabão Aristolino que supere um simples, humilde, inesquecível sorvete de creme, o mais humilde de todos e que não engana ninguém.

200 voos depois

Tinha de acontecer. Fui parado na esteira de raios X do aeroporto Santos Dumont por estar "portando" na bagagem de mão um "objeto perfurocortante". Ordens da Anac, a Agência Nacional de Aviação Civil.

Quando a encarregada da esteira perguntou sobre o canivete que eu estaria "portando" na nécessaire, embatuquei. Não sou de canivetes, nunca quis sequer ter um daqueles suíços, com 88 lâminas, uma delas para os cabelinhos do nariz. Mas fiz um rápido exercício intelectual e concluí que se tratava de meu cortador de unhas, o popular trim, comprado num camelô do Catete, em 1991, junto com um pente Flamengo e meia dúzia de pilhas do gato. Os camelôs de hoje ficaram sofisticados, não vendem mais esses produtos.

Expliquei à madame que o objeto dentro da nécessaire era um singelo trim, mas ela exigiu ver. E, no que viu, concluiu que, com sua lima serrilhada para lixar as unhas, eu poderia render o comandante e obrigá-lo a jogar o avião da ponte aérea contra a estátua do Borba Gato, em São Paulo. Donde, das duas, uma: eu teria de voltar ao balcão e despachar o trim ou descartá-lo numa caixa para tal fim. Por preguiça de descer ao saguão, optei pelo descarte – não sem antes me despedir do instrumento que, por quase vinte anos, me cortara fielmente as unhas, inclusive as da mão direita. E embarquei.

Mal sabe a Anac que, na mesma bolsa, passou incólume um exemplar de *Madame Bovary*, que, em 1857, virou a cabeça das mulheres malcasadas e levou seu autor, Flaubert, ao banco dos réus. Na própria nécessaire, havia um pequeno frasco com seiva de alfazema pós-barba, potencialmente mais perigosa que o trim – o aroma é considerado sedutor e hipnotizante.

Desde que a Anac impôs essas normas de segurança, na sequência dos atentados do 11 de setembro de 2001 em Nova York, o trim já entrara comigo, impunemente, em quase duzentos voos. Era fatal que, um dia, fosse descoberto, capturado e tivesse seu perigo neutralizado.

Perecível, mas indestrutível

A loura madura, bonita e empetecada olhava com encanto para as prateleiras ao seu redor. Estávamos num sebo de livros – um charmoso sebo no Leblon. Ao lado, seu marido, grande personalidade da TV e criador de programas importantes, conversava com alguns amigos. De repente, ouviu-se a voz da mulher: "Que livraria mais engraçada! Só tem livro velho!". Súbito silêncio no recinto.

Sebos interferem com a sensibilidade de seus frequentadores. Há quem se compadeça daqueles livros porque acha que, lidos ou não, eles foram desprezados por seus antigos compradores. Para outros, é o contrário: o sebo representa uma gloriosa sobrevida para muitos livros – quem sabe um dia estes não serão tirados das estantes por leitores mais atentos e interessados, que saberão apreciá-los melhor?

Sem falar nos livros muito amados, e que só foram parar no sebo por motivo de força maior, como a morte de seus possuidores originais. É comum que, morto o dono da casa, e pela impossibilidade de continuar morando nela, a viúva seja obrigada a se desfazer do recheio ou do próprio imóvel, donde lá se vão os livros. E não há nada de mais em que a sobrevida de um livro se deva à morte de alguém. Boa parte dos livros que possuo já pertenceu a uma ou mais pessoas, e, no futuro, pertencerão a terceiros ou quartos – espero.

Uma notícia na *Folha*, há dias, me calou fundo: a história de Cleuza, 47 anos, a catadora de recicláveis em Mirassol (SP), que recolhe os livros que encontra no lixo, recupera-os e os leva para uma biblioteca que criou no centro de triagem do lugar. Entre os trezentos títulos que já salvou da destruição e empresta ou dá a seus colegas estão muitos de Machado de Assis, Erico Verissimo e José Saramago. Eu ficaria orgulhoso de ver algum dos meus próprios livros nesse lote.

Há melhor prova de que, por Cleuza, o livro – de papel, tão precário e perecível – será indestrutível?

unívocos
e
equívocos

Quem falou primeiro?

Há tempos, por causa do "gol de placa" inventado pelo jornalista Joelmir Beting, perguntaram-me quem havia criado outras expressões do futebol, como "gol de bicicleta", "dar carrinho" ou "meter entre as canetas". Embatuquei – como foi que nunca procurei levantar isso? Para não perder pontos, perguntei se valia saber que o autor da palavra "robô" era o escritor tcheco Karel Capek; de "cibernética", o matemático americano Norbert Wiener; e de "fluxo da consciência", o filósofo idem William James.

De "surrealismo", o poeta Guillaume Apollinaire; de "contracultura", o historiador Theodore Roszak; de "radical chic", o jornalista Tom Wolfe; de "a era do jazz", o escritor F. Scott Fitzgerald; e de "bebop", o baterista Kenny Clarke. E a expressão "bossa nova"? Já era muito usada nos anos 1950, com o significado de novidade. Mas foi o repórter Moyses Fuks, da *Última Hora*, quem a aplicou à nova música que surgia – e só então Tom Jobim, Vinicius de Moraes e João Gilberto foram informados de que haviam criado a "bossa nova".

Quem chamou os filmes de Glauber Rocha e outros de "cinema novo"? Foi o crítico Ely Azeredo. Quem falou primeiro em filme *noir*? Outro crítico, o francês Nino Frank. E em *nouvelle vague*? A jornalista Françoise Giroud. E quem apelidou de Oscar o famigerado boneco? O repórter Sidney Skolsky.

Quantos saberão quem batizou o Rio e quando? Foi o navegador florentino Américo Vespúcio, quando passou por aqui, em 1° de janeiro de 1502, a bordo da expedição do português Gonçalo Coelho. Vespúcio viu a baía de Guanabara e sapecou: Rio de Janeiro. Que nós adoramos e logo simplificamos para Rio.

Pergunte-me agora quem criou os famosos "geraldino" (torcedor da geral), "arquibaldo" (da arquibancada), "macário" (carregador de maca), "onde a coruja dorme" (interseção entre o travessão e a trave) e "feliz que nem pinto no lixo". Fácil: o radialista Washington Rodrigues, o Apolinho.

Grandes nomes

A notícia da fusão entre a Lan, empresa aérea chilena, e a TAM é alvissareira. Principalmente se reduzir a poluição sonora a níveis toleráveis nos voos da companhia brasileira. O problema é o nome da nova empresa: Latam. Por algum motivo, não é um nome que evoque excesso de firmeza e solidez quando se pensa em fuselagens bombardeadas por raios e chuva de granizo a 11 mil metros.

Mas podia ser pior. Uma empresa aérea que vi há pouco na Espanha atende pelo nome de Lesma. Apesar do nome, parece próspera – talvez porque, em castelhano, o simpático caracol não se chame lesma, mas "babosa", e a palavra não seja sinônimo de demora e lentidão, como entre nós.

Batizar um produto ou empresa é mesmo difícil. O que dizer, por exemplo, de uma agência de turismo chamada Imatur? Ou de uma firma de construção civil chamada Terminal? Ou de um remédio para hipertensão chamado Capoten? Por sorte, esses produtos e empresas superaram a desconfiança que seus nomes poderiam causar e estão, me parece, firmes no mercado. Mas a Latam, assim chamada, que se cuide para não bater o pino.

Um amigo, dono de um sebo aqui no Rio, me presenteou outro dia com uma pequena, mas deliciosa, coleção de caixas de fósforos e lápis de propaganda de empresas aéreas dos anos 1950 e 1960. São objetos que, um dia, alguém colecionou para seu próprio prazer, sem imaginar que, no futuro, se converteriam em fósseis de uma época.

Lá estão várias e poderosas companhias, com seus então grandes nomes: TWA, Pan Am, Panair, Cruzeiro do Sul, Aerovias Brasil, Nacional, Real Aerovias, Lóide Aéreo, Vasp e, naturalmente, a Varig. Os lápis, com seus grafites intactos, ainda são capazes de escrever. Mas, assim como os aviões dessas empresas, que nunca mais voaram sob suas bandeiras de origem, os fósforos não acendem mais.

Acidentes acontecem

Uma conhecida minha levou o celular para o chuveiro – não consegue se desgrudar dele – e, em meio ao banho, usou-o sem querer como sabonete. Os celulares têm muitos usos, mas este não é um deles – por enquanto. Outro amigo distraído teve a gravata engolida pela impressora e esta já começava a estrangulá-lo. Foi salvo por sua secretária, que percebeu a iminência da tragédia, correu e apertou o botão de desligar. Acidentes acontecem.

Uma das histórias mais hilariantes contadas pela atriz Carrie Fisher em seu livro *Wishful drinking* foi a de como seu pai, o cantor Eddie Fisher, já velho, tomou com água seu próprio aparelho para surdez, pensando que era a bolinha que ele tomava para dormir. Resultado: passou a noite em claro, mas escutando cada ruído de sua flora intestinal.

E minha amiga Ana Luiza Pinheiro, em adolescente, surpreendeu-se ao ver seu pai de gatinhas, no chão do quarto, tentando matar um inseto com o chinelo. “É uma aranha!”, exclamou ele. Ana Luiza aproximou-se e constatou que a aranha vislumbrada por seu pai era apenas seu cílio postiço. Os cílios postiços dos anos 1970 eram assim, exuberantes.

Mas nada supera a história que me juraram ter acontecido no velório do sambista João Nogueira, em 2000. João era um artista muito querido, daí as cenas de comoção na capela do São João Batista. Um dos mais inconformados era um fã tocado pelo álcool, que se debruçava, descontrolado, chorando sobre o caixão. Quando as pessoas tentaram consolá-lo – "Calma, meu senhor!" –, ele se debateu e sua dentadura escapou e caiu sobre o peito de João Nogueira.

Seguiu-se um momento de compreensível mal-estar. Ninguém parecia disposto a pescar aquele objeto, que lembrava uma meia goiaba. Mas o homem não se deu por achado. Sem parar de chorar, disse, embargado: "Vai, João! Leva contigo o meu último sorriso!"

A Copa dos sabores

Num debate de que participei há dias, sobre futebol e comida de botequim, propus que o Brasil organizasse uma Copa do Mundo da baixa gastronomia. Aí, sim, os fãs do futebol veriam o que é a verdadeira paixão dos fortes. O evento se daria nas mesas dos nossos mais reputados pés-sujos (dos menos reputados também) e cada país traria seus pratos típicos dessa especialidade, cuja única obrigação seria a de que fossem *heavy metal.*

A China, por exemplo, inscreveria os seus torresmos de pênis de cobra. O Laos, a salada de barata – barata, não batata. A Argélia, os gafanhotos na brasa. Madagascar, os morcegos ensopados. O Equador, a farofa de formiga. O Japão compareceria com o sashimi – preparado, naturalmente, com o peixe ainda vivo.

O Alasca, representando os EUA, disputaria com seus insuperáveis intestinos crus de foca. O México, com a fritada de grilos. A Noruega, com a bochecha de bacalhau. Portugal nos deliciaria com os túbaros de carneiro ou porco, que são os testículos guisados dos próprios. Mas, veja bem, trata-se de um campeonato de sabores, não de exotismos. Todos esses pratos que citei existem de verdade.

O Brasil, como anfitrião, não poderia fazer feio. A candidatura dos previsíveis bolinho de feijoada, caldo de batata-baroa e bolinho de aipim com camarão e Catupiry já seria fortíssima, donde pareceria covardia entrar em campo com certas atrações dos botequins cariocas: costelinha de porco na goiabada, escondidinho de jiló, pastel de angu (com recheio de ovo, torresmo e bacon) ou o frango a passaralho (puxado no alho).

Os juízes seriam gourmets, boêmios e bebuns com um nome a zelar. Ninguém poderia votar nos pratos de seus países. A torcida teria acesso aos petiscos, mas quem fizesse ruídos corporais impertinentes seria evacuado do recinto. O risco é o de, ao fim da competição, não haver sobreviventes.

Vermes do passado

Recebo do amigo João Antonio Buhrer, implacável colecionador de lixo gráfico, um exemplar do *Almanaque Brasil* de 1957, que ele deve ter encontrado na gaveta de uma avó (não necessariamente dele) ou pelo qual pagou R$ 1 numa feira de velharias. O *Almanaque Brasil* concorria com o *Almanaque Capivarol* e outros, e era tão revelador quanto. E o que ele revelava? Que, a julgar pelos anúncios, os brasileiros de 1957 – em plenos "anos dourados" – ainda eram uma antologia de mazelas.

Confira pelos remédios. Problemas de rins, bexiga e ácido úrico? Tomava-se o Uredol. Ou o Urolítico. Ou os Comprimidos Diuréticos do Abacateirol. Tremedeira, impaludismo, maleita e sezão? Palutônico era a solução. Disfunções menstruais, tipo escassez ou excesso? Reguladores infalíveis eram o Xavier, o Menstrol, o Eugynol e o Fluxo Sedatina (que avó, mãe e filha, todas deviam usar). E as "fraquezas sexuais" se combatiam com o Sexuol (só para homens) e o poderoso Uterol, que os cavalheiros deviam evitar.

Azia, má digestão, dores de estômago? Ninguém dispensava a Magnesia Phosphatada – assim mesmo, com essa ortografia pré-cabralina. Gripes, resfriados, dores de cabeça? Usava-se o Transpirol, embora algumas correntes filosóficas, mais ortodoxas, preferissem o Peitoral de Cereja. E não havia caspa que chegasse perto de cabelo, barba e bigode se o cidadão aplicasse Pilogênio.

Alguns medicamentos eram batizados com fascinantes palavras "porte-manteaux", que, de tão criativas e bem construídas, pareciam inventadas por Haroldo de Campos. O Tencrivermil, por exemplo, fulminava oxiúros, lombrigas e solitárias. O Uterovarol dedicava-se à lanternagem do útero e do ovário. O Prisoventril, como é óbvio, à prisão de ventre. E a Panvermina, a vermes e opilação.

Hoje, o Brasil é outro. Os vermes continuam, mas já não se abatem com purgantes.

Aos pés de seu herói

Leio no jornal que certa beldade, cujo nome me escapa e cuja cor dos olhos desconheço, reluta em posar para a *Playboy* porque a revista não estaria valorizando a sua condição de recente estrela do *BBB*.

Trabalhei na *Playboy* brasileira em seus primórdios, na passagem dos anos 1970 para os 1980, e me lembro de como as exigências das moças que posavam para a revista podiam ser diferentes. Uma preocupação delas era com o texto que acompanhava as fotos. Não gostavam que fosse grosseiro, machista e realçasse apenas os seus atributos mais óbvios.

Uma dessas moças era uma famosa atriz do cinema nacional. Aceitara posar, mas exigira o direito de aprovar as fotos e o texto. A revista concordou. As fotos foram feitas no Rio e, semanas depois, a produtora Cecilia Ribeiro foi receber a estrela em Congonhas e levá-la à redação para conferir tudo. No caminho, a garota continuou a falar do baixo nível desses textos. Cecilia tentou tranquilizá-la e assegurou-lhe que suas legendas seriam escritas por um dos nossos melhores redatores, o Fernando Pessoa.

Ao ouvir o nome, a moça pulou no banco traseiro: “Fernando Pessoa??? Mas é o meu poeta favorito! Sou louca por esse homem!! Não sabia que trabalhava na *Playboy*!!!". Cecilia, safa como só ela, não confirmou nem desmentiu e prometeu que a apresentaria ao poeta na redação.

Assim que chegaram à *Playboy*, ela fez as apresentações e piscou para o também poeta, só que pernambucano, Fernando Pessoa Ferreira – que entendeu tudo e entrou rindo no jogo. Fernando passou a tarde recitando os clássicos mais manjados de seu xará para a moça, que não percebeu a tremenda diferença de sotaque. Horas depois, a estrela assinou a autorização sem sequer ler o que Fernando escrevera sobre ela. E tomou o avião, feliz da vida por ter conhecido seu herói, o grande poeta português Fernando Pessoa.

Planos para o futuro

Um querido amigo, Carlos Alberto Reis, Carlinhos, está pensando em se aposentar e dedicar-se a algo que nunca teve tempo de fazer: aprender inglês direito. Não porque tenha planos de ir a esses lugares que os brasileiros sem imaginação sonham visitar, como Las Vegas, Bali ou Dubai. Ele é mais ambicioso: "Preciso estar preparado porque, quando morrer, vou para o céu. E, lá chegando, quero conversar com o Frank Capra."

Carlinhos é a única pessoa que conheço que tem certeza de que irá para o céu. É claro que irá – ninguém mais amigo, terno e amoroso. Ninguém também mais cinéfilo. E, não por acaso, alguns de seus filmes favoritos são clássicos de Frank Capra (1897-1991), como *O galante Mr. Deeds* (1936), *Do mundo nada se leva* (1938), *A mulher faz o homem* (1939), *Adorável vagabundo* (1941) e *A felicidade não se compra* (1946), estrelados por Gary Cooper ou James Stewart.

Minha única dúvida quanto à viabilidade desse encontro refere-se não a Carlinhos, mas ao próprio Capra. E se o diretor, apesar de famoso por seus filmes cheios de humanidade, não tiver cometido alguma coisa, algum dia, que o torne inapto para o céu? Nem quero pensar na decepção de Carlinhos se, ao chegar lá, for informado de que Capra foi mandado para outro lugar. Bem, sempre lhe restará a possibilidade de conhecer John Ford (1895-1973), Billy Wilder (1906-2002) ou outro cineasta de seu céu particular.

Essa conversa com Carlinhos me alertou para a necessidade de eu próprio me preparar para o que me espera. O que, pelo acúmulo de pecados, não deve ser o céu, mas, de qualquer jeito, estará cheio de gente interessante.

Acho que vou aprender sioux para conversar com o cacique Touro Sentado; russo, com Rasputin; húngaro, com Vlad Drácula; e italiano, com Lucrecia Borgia.

Cáries no além

Era um atendimento de emergência, domingo, ao meio-dia, num consultório dentário do Leblon. De repente, sob pesado silêncio exceto pelo *bzzz* do motor, ouvimos um ruído – um baque – na sala ao lado.

Como eu e o dentista estávamos sozinhos no prédio, só podia ser algo que havia se deslocado e caído, quem sabe pelo vento entrando por uma janela. O dentista sorriu. Foi averiguar e voltou dizendo que nada caíra no chão, as janelas estavam fechadas e aqueles ruídos sem explicação eram normais ali, principalmente à noite, depois do expediente, ou nos fins de semana.

Contou que, em outras ocasiões, ele já ouvira o som de um motorzinho de broca saindo de alguma sala do consultório. Ou de um raio X disparando sozinho. Podiam ser também ruídos de passos subindo ou descendo a escada que levava ao andar de baixo, que ele dividia com outro dentista. E jurou que, certa vez, escutou nitidamente um gargarejo, embora o paciente ainda não tivesse chegado e não houvesse ninguém nos dois andares.

Para o seu alívio – pensava que só ele ouvia coisas –, seu colega de consultório lhe disse que também escutava esses ruídos quando usava o consultório em dias (epa!) mortos. E não só isso como, certa vez, percebeu duas vozes (uma, tranquila e profissional; a outra, angustiada) discutindo a necessidade de um tratamento de canal. Foi investigar e não havia ninguém. Não admira que nenhuma secretária que eles contratavam parasse no emprego – todas levavam cantadas invisíveis em certas horas.

Meu dentista acredita que uma pequena comunidade de dentistas e clientes fantasmas está usando seu consultório fora dos dias e horas regulamentares. Já o que me espanta é constatar que a partida para o além não livra o cidadão de problemas dentários. Mas é bom saber que, mesmo lá, há uma plêiade de profissionais para tratar das emergências.

Banhos demais

Livro recente sobre Frank Sinatra, *Lady Blue Eyes – My Life with Frank*, assinado por sua viúva Barbara, afirma que Frank tomava doze banhos por dia. Não deve ser a informação mais importante do livro. Seja como for, ela deixa Sinatra mal – nos dias de hoje, não fica bem tomar banhos demais. Mas vejamos.

A grande carreira de Sinatra como cantor, ator e figura pública durou cerca de quarenta anos a partir de 1939. Como crooner, gravou 14 faixas com a orquestra de Harry James na Columbia (1939-40) e 93 com a de Tommy Dorsey na Victor (1940-41). Como cantor solo, cerca de 280, de novo na Columbia (1943-52); 370 na Capitol (1953-60); e 450 na Reprise (1960-80). Só aí são mais de 1.200 faixas, e esta é apenas sua discografia oficial. É muito disco, e inclui apenas os de estúdio.

Somando as faixas que foram gravadas e não lançadas, as muitas gravações especiais (como os V-discs) e os vários takes alternativos, pode-se multiplicar esse número por cinco. Seriam então 6 mil faixas. Sinatra fez também 54 filmes e cantou em quase todos – essa produção chega a mais 160 faixas Há também os milhares de programas de rádio e TV, que ele manteve durante anos, e os shows em boates, cassinos e estádios, inclusive o Maracanã – quase tudo foi gravado, e não há mídia que comporte esse material.

Entre cada disco, filme ou show, Sinatra fez política, apoiou presidentes, meteu-se com a máfia e namorou o fino das mulheres – Ava Gardner, Lana Turner, Eva Bartok, Marilyn Monroe, Natalie Wood, Lauren Bacall, Judy Garland, Peggy Lee, Marlene Dietrich, Grace Kelly, Kim Novak, Angie Dickinson, Juliet Prowse, Jill St John, Janet Leigh, Virna Lisi, possivelmente Jacqueline ex-Kennedy, muitas mais. Será que tinha tempo para passar o dia tomando banho?

Mas então, em 1976, Frank se casou com Barbara. Ele, 61; ela, 50. Nos 22 anos que levaram casados, e já semiaposentado, até morrer, em 1998, aí, sim – *faute de mieux* –, ele pode ter optado pelos doze banhos diários.

A uma lua de 40°

A montagem de *O barbeiro de Sevilha*, de Rossini, pela Companhia Brasileira de Ópera, dirigida pelo maestro John Neschling, em São Paulo, pode me redimir de uma frustração sofrida há tempos, quando, por circunstâncias, vi-me justamente em Sevilha, linda cidade da Andaluzia, na Espanha, e achei que seria engraçado fazer a barba com um legítimo barbeiro de Sevilha.

No que me decidi, toca a procurar nas ruas uma barbearia – e, para mim, o que não devia faltar em Sevilha eram barbearias, daquelas tradicionais, com três ou quatro cadeiras e um barbeiro de prontidão na porta do estabelecimento, tesoura e pente no bolso do jaleco branco. Mas neca. Durante uma tarde inteira, a uma lua de 40°C, consultei mapas e guias turísticos, subi e desci *calles*, *paseos* e *carreteras*, perguntei em bancas de jornais, – e nada.

Na busca de um barbeiro em Sevilha – qualquer um servia –, varejei os lugares que nosso cônsul João Cabral de Melo Neto palmilhou nos anos 1950 e 1960 e transformou em poesia: "A cidade mais bem cortada/ que vi, Sevilha;/ cidade que veste o homem/ sob medida". Aliás, numa das ruas, julguei reconhecer a mulher que ele descreveu como "carne do campo de Sevilha;/ carne de terra adentro,/ carnal, jamais marisca". Enfim, achei tudo. Só não achei o barbeiro.

Nos dias seguintes, invadindo propriedades particulares, embarafustei-me pelos pátios em que Buñuel fez Angela Molina seduzir e torturar Fernando Rey em *Esse obscuro objeto do desejo* (1977), filmado lá. Em vão. Inconformado, contornei a Giralda e o Alcazar, explorei os arredores de catedrais góticas e cristãs, revirei a cidade – e não achei um único barbeiro em Sevilha.

Bem, à falta do original, sempre restará o de Rossini, não? Ou quem sabe não será por isso mesmo que os barbeiros debandaram de Sevilha? Para não ser importunados o ano todo por turistas com humor de ópera-bufa.

Gato que nasce em forno

Carlos Gardel (1890-1935), o cantor de "Mano a mano", nasceu na França (em Toulouse). Mas algum argentino duvida que ele foi o maior portenho de todos os tempos? E a brasileira e carioquíssima Carmen Miranda (1909-55), nascida em Marco de Canaveses, a 40 quilômetros do Porto, em Portugal? E o francês Yves Montand (1921-91), marselhês e malandro até o último Gitane, que nasceu em Monsummano Alto, na Itália?

Irving Berlin (1888-1989), autor do hino nº 2 dos EUA ("God Bless America") e do clássico sobre o Natal, "White Christmas", além de canções que fizeram a glória da música americana, como "Cheek to Cheek", era de Mohilev, então na Rússia. Outro americano da gema nascido na Rússia, em Srednicke, era Al Jolson (1883-1950), o intérprete de "My Mammy". E quem diria que Bob Hope (1903-2003), que, durante sessenta anos, cantou para soldados americanos no front, era inglês?

Milton Nascimento (n. 1942), que todos julgam mineiro, é carioca de São Cristóvão. Já o carioca Ferdy Carneiro (1929-2002), fundador da Banda de Ipanema, era mineiro de Ubá, assim como Jayme de Carvalho (1911-76), fundador da Charanga do Flamengo, baiano de Salvador. E os ultraipanemenses João Saldanha (1917-90), Walter Clark (1936-97) e Carlinhos Oliveira (1934-86) eram, respectivamente, de Alegrete (RS), São Paulo (SP) e Vitória (ES).

Todos esses são ou foram cariocas que, por acaso, nasceram longe de casa. Como o também ipanemense Tom Jobim, nascido na Tijuca. Gato que nasce em forno não é biscoito, diz o ditado.

E, como acabo de descobrir, cachorro também não. Rin Tin Tin (1918-32), o pastor que foi mascote e símbolo da Cavalaria americana e ajudou a matar na tela mais búfalos e índios do que todos os cachorros juntos na história de Hollywood, era francês da Lorena. A qual, então, era alemã.

Exclusivos das lápides

Está em cartaz no Rio um musical sobre o cantor Cazuza, que, na vida real, se chamava Agenor. Nos muitos artigos que se têm escrito sobre Vinicius de Moraes, cujo centenário comemoramos, informa-se que seu pai se chamava Clodoaldo. E o avô de Tom Jobim se chamava Azor – do hebraico, "aquele que socorre". Agenor, Clodoaldo, Azor – quantos jovens se chamam assim, hoje, no Brasil?

Haverá neste momento algum menino brasileiro que atenda por Ataliba, Asdrúbal, Anacleto, Alarico ou Astolfo? Alguma menina que seja Ema, Jurema ou Zilá? E as com nomes de flores – Dália, Gardênia, Magnólia, Malva, Violeta? Por que já não se veem tantas garotas com os lindos nomes de Elvira, Neide, Eneida, Nilce ou Neísa? E que fim levaram as Iaras, Iones e Iedas?

Reconheço que alguns nomes são problemáticos – não deve ser mole chamar-se Agapito, Libório, Simplício, Pancrácio ou Tibúrcio. Para não falar em Filomena, Hilária, Genoveva, Hermengarda ou Hermenegilda. Mas por que a escassez, entre as crianças, de nomes sólidos e tradicionais como Valdemar, Orlando, Ernâni, Teobaldo ou Nestor? E, em nosso tempo, os Leonardos abundam – mas os Leopoldos são raros e os Leocádios devem estar extintos.

Nomes de ampla circulação no Brasil do século XX – seus portadores eram famosos – foram abandonados: Juscelino, Graciliano, Lupicínio, Teotônio, Olegário, Esperidião, Epitácio, Odorico, Laudelino, Zózimo. Um pai movido pela admiração poderia batizar seu filho com um deles, mas não vejo isso acontecendo.

Alguém me disse que, em breve, certos nomes brasileiros, por mais respeitáveis, só serão encontrados em cemitérios. E exemplificou com Custódio, Filinto, Nicácio, Orígenes, Nicodemus, Zulmira – sem esquecer, com alguma maldade, que o meu próprio nome, Ruy, também ameaça ficar exclusivo das lápides.

ESTAÇÃO
BRASIL

ESTAÇÃO BRASIL é o ponto de encontro dos leitores que desejam redescobrir o Brasil. Queremos revisitar e revisar a história, discutir ideias, revelar as nossas belezas e denunciar as nossas misérias. Os livros da ESTAÇÃO BRASIL misturam-se com o corpo e a alma de nosso país, e apontam para o futuro. E o nosso futuro será tanto melhor quanto mais e melhor conhecermos o nosso passado e a nós mesmos.